Ирина Ратушинская
СТИХИ

Irina Ratushinskaya
POEMS

Irina Ratouchinskaya
POÈMES

An International PEN Book
&
HERMITAGE

Ирина Ратушинская. СТИХИ
Irina Ratushinskaya. POEMS
Irina Ratouchinskaya. POÈMES

Text in Russian, English and French.
With introduction by Joseph Brodsky (Russian and English parts)
and by Meery Devergnas (French part)

Copyright ⓒ 1984 by I. Ratushinskaya
All rights reserved.

Translations copyright by Meery Devergnas (French part) and
by Philip Balla, Pamela White Hadas, Susan Layton, Ilya Nykin
(English part).
   "To My Unknown Ancestor ..." translated by Susan Layton
reprinted by permission of *The New Republic,*
copyright ⓒ 1984, The New Republic, Inc.

   Also grateful acknowledgement is made for permission to reprint
previously published poems to: *The Agni Review, Grand Street,
Grani, Kontinent, The New York Review of Books, Parnassus,
River Styx.*

Library of Congress Cataloging in Publication Data

Ratushinskaĩa, Irina.
   Stikhi — Poems.

   In Russian, with translations into English and French.
   I. Title. II. Title: Poems.
PG3485.5.A875A1995   1984   891.71'44   84-12974
ISBN 0-938920-54-5

Published by HERMITAGE
2269 Shadowood Drive
Ann Arbor, MI 48104, USA

ОГЛАВЛЕНИЕ. CONTENTS.

	English	French
Предисловие И. Бродского 7		
Introduction by J. Brodsky	51	
И. Ратушинская, "Моя родина" 9		
I. Ratushinskaya, *My Homeland*	63	
Introduction by Meery Devergnas		95

СТИХИ. POEMS.

1. "Ах, какая была весна!.." 13	57	97
2. "Почему..." 14	58	98
3. "Не исполнены наши сроки..." 15	59	99
4. "Кому дано понять прощанье..." 16	60	100
5. "Как беззвучно стремится мимо..." 17	61	101
6. "Бестолковый приемник короткими плещет волнами..." 18	62	102
7. "Я напишу о всех печальных..." 19	63	103
8. "В двух верстах от реки Двины..." 20	64	104
9. Баллада о стенке 21	65	105
10. "Ненавистная моя родина..." 22	66	106
11. "Странный сон приснился мне сегодня..." 23	67	107
12. "Не надо просить о помощи..." 24	68	108
13. "Что же стынут ресницы..." 25	69	109
14. Ленинградский триптих 26	70	110
15. "Сентябри мои за морями..." 28	72	112
16. "Ох, разучилась вязать узелок!.." 29	73	113
17. "Господи, что я скажу, что не сказано прежде..." .. 30	74	114
18. "Мы словно непереводимы..." 31	75	115
19. "Вот он над нами, их жертвенный плат..." 32	76	116
20. "Как невыгодно для парада..." 33	77	117
21. "Отчего снега голубые..." 34	78	118
22. "Не может быть! Тюремный домовой..." 35	79	119
23. "Моя тоска — домашняя зверюшка..." 37	81	121
24. "Круто сыплются звезды, и холод в небесных селеньях..." 38	82	122
25. "Государь-император играет в солдатики — браво!.." 39	83	123

			English	French
26.	"Я письмо пишу сегодня..."	40	84	124
27.	"О нем толковали по всем лагерям..."	42	86	126
28.	"Господи, как он там? Присмотри за ним..."	44	87	128
29.	"У изменницы и отступницы..."	45	88	129
30.	"По хлебам бродил довоенный ветер..."	47	90	131
31.	"А мы остаемся..."	48	91	132
32.	"С какою нежностью и властью..."	49	92	133
33.	"Где вместо воздуха — автобусная брань..."	50	93	134

ПРЕДИСЛОВИЕ

Ирина Ратушинская, автор стихотворений, помещенных в этом сборнике, отбывает в данный момент второй год причитающегося ей семилетнего срока в Мордовии, в лагере строгого режима. Термином этим закодировано в системе судопроизводства слово каторга. По выходе из лагеря Ратушинскую ожидает пятилетняя ссылка, что означает, что арестованная в 28 лет поэтесса выйдет на свободу, когда ей будет 40. Распоряжаясь подобным образом временем своих подданных, государство, судя по всему, стремится гарантировать свое будущее.

В данный сборник среди прочих включены стихотворения, "изготовление и распространение" которых навлекло на 28-летнего автора гнев государства, выразившийся в столь бесчеловечном приговоре. Какую бы однако пропорцию государство ни устанавливало между подлинностью искусства и судьбой его создателя, оно неизменно упускает из виду, что терновый венец на голове певца имеет свойство превращаться в лавровый. Любое искусство, особенно искусство поэтическое, имеющее дело с языком, всегда одновременно и гораздо старше и долговечнее государства. Изготовление стихов неизбежней социалистической — впрочем, любой политической — системы; распространение их тоже выходит за пределы, отпущенные государству пространством и временем. Отсюда — страх и ненависть государства к подлинному поэту: зависть и ненависть к тому, кто его переживет.

Прятать поэта за решетку — это как ломать часы, это фальсификация времени, ибо стихотворные размеры есть ни что иное, как реорганизованное время. То, что именуется музыкой стиха, то, что почитается лиризмом поэта, суть реакция взаимодействия времени и языка, освещения языка временем. Ратушинская поэт чрезвычайно подлинный, поэт с безупречным слухом, равно отчетливо слышащий время историческое и абсолютное. Это поэт вполне состоявшийся, зрелый, со своим — пронзительным, но лишенным истеричности, голосом. Рассуждать здесь о ее литературной генеалогии неуместно, хотя цветаевское и ахматовское влияние в ее творчестве очевидны. Но поэт, как и читатель, должны быть только благодарны судьбе за наличие подобных влияний.

С чем другим, а с поэзией России в этом столетии повезло чрезвычайно. Стихи Ратушинской — только подтверждение, что — продолжает везти. Цена, однако, везения этого — страшная, что подтверждается ее судьбой.

Политическое судопроизводство преступно само по себе; осуждение же поэта есть преступление не просто уголовное, но прежде всего антропологическое, ибо это преступление против языка, против того, чем человек отличается от животного. На исходе второго тысячелетия после Рождества Христова осуждение 28-летней женщины за изготовление и распространение стихотворений неугодного государству содержания производит впечатление дикого неандертальского вопля — точнее, свидетельствует о степени озверения, достигнутом первым в мире социалистическим государством.

Иосиф Бродский

МОЯ РОДИНА

Ну, а если я этого не имею права писать? Может ли быть человек без родины? Или она у меня все-таки есть? Но что мне считать Родиной?

В графе "национальность" — русская. Значит, Россия? Но в географической России я впервые побывала уже совсем взрослой, да и ту видела лишь краешком — Москва, Ленинград — и только! И что же? Всколыхнулось ли во мне хоть что-то при виде многократно воспетых берез? Сознаюсь, что нет. А в Одессе березы как-то не растут. Ну, хорошо, родилась в Одессе. По карте Одесса — это Украина. Тогда — украинская культура, украинская речь, и обычаи украинские, и родина, само собой разумеется.

Но помилуйте, кто хоть раз бывал в Одессе — не дайте соврать! — какая же Одесса Украина? Нет, я украинскую речь понимаю, и писать могу, и книги читаю, но говорить? Да мне, жившей в Одессе 24 года, ни разу этого делать не приходилось! Не с кем, нет носителей языка. Одесская речь — хотя и с русским языком в основе — это все же особая статья. Тут перемешано столько языков и столько оборотов, и даже интонации особые — пестрый город, многонациональный.

Но, как сказал секретарь Одесского горкома комсомола, запрещая Юморину — специфический, особый одесский праздник, — "Одесса имеет большие революционные и трудовые традиции. Ни о какой другой специфике Одессы не может быть и речи". И Юморину в Одессе запретили, и перенесли ее в Тверь, где она, естественно, не прижилась и благополучно засохла. Что, видимо, и требовалось. Будем же помнить, что мы, поколение, родившееся уже в разгаре советской власти и отданное на воспитание специалистам, уже советской властью дрессированным, должны были зазубрить одно: Родина (с большой буквы) — это весь Советский Союз, от границы до границы, и необъятная сибирская тайга нам такая же родная, как, например, Прибалтика. Мы, мол, и там, и там — хозяева! А если оттяпаем еще кусочек от той же Финляндии, или Польши, или Японии — то и это будет наша Родина — та самая, которую любить до слез и жизнь отдать за которую. Ни у одного нормального человека такого ощущения родины быть, конечно, не может.

А что же все-таки? Польша? Да, мой прадед погиб во время польского восстания; да, тогда мои предки и были лишены поместий и перебрались в Одессу, но польскую речь я уже учила по книгам, а польскую литературу читала в допущенном советской цензурой объеме, а о польском национальном характере получила первое представление из произведений буревестника революции Максима Горького, и это была беспардонная брань, вложенная из вежливости в уста цыганки (все-таки простая, политически неграмотная женщина, а не сам автор).

Потому что — не надо забывать! — из моих родителей, потомков дворянских семей, уже был советской властью повыбит интерес к своему происхождению и к своим предкам, и не до того! А то как бы еще кто-нибудь не заинтересовался нашим происхождением!

Замнем все, что было, забудем родство — оно небезопасно, мы — советские! Только советские! И польская речь в семье — ни-ни! — была изжита. Да и то бабушку, глубоко верующую католичку, сколько раз таскали в КГБ за то, что она ходит в костел! Но и тут мои родители меня предохранили: они запретили деду и бабушке учить меня не только польскому языку, но и говорить на любые религиозные и "несоветские" темы. А то не подпустят к внучке! И последние нити, связывающие с прошлым семьи, были обрублены.

Что мне оставалось взамен этого? Интеллигентность по-советски! Литература? Пожалуйста! Моя мама сама преподает литературу в школе. Правда, она не отличает Пастернака от Бальмонта, а Блока знает только как автора "Двенадцати", но ведь и мне так положено! Это потом я узнала про серебряный век русской литературы, а тогда единственное, что мне следовало знать, это — что декаденты были, в отличие от Маяковского, бездарны и только отвлекали народ от революционной борьбы. Культура? Сколько угодно!

Проведите, читатель, мысленный эксперимент. Я пишу "мысленный", потому что ни один, опять-таки, нормальный человек сотворить такого своими руками не может — и все же это было сделано целым народом!

Возьмите незнакомую книгу и тупой пилой откромсайте от нее

кусок — так, скажем, четверть. Теперь по этому куску попробуйте понять содержание — но предварительно уничтожив остальное — чтобы и искушения не было заглянуть! Вот то же самое было сделано для нас — "нынешнего поколения советских людей" — с мировой культурой. Еще бы! Ведь мы предназначались для жизни при коммунизме!

И вот, в семье людей с советским высшим образованием, в школе с предписанной системой воспитания, в сети библиотек со специально отобранной литературой, специальных телепередач, книг и журналов — какое мы смогли получить понятие о другом? Да мы не знали о существовании этого "другого"! И какой-то шок (ток —?) обрушился на меня в мои 24 года, когда в течение одной недели, почти одновременно (книги дали ненадолго) я прочла Мандельштама, Цветаеву, Пастернака! Это буквально сбило меня с ног, физически, с бредом и температурой! Мне открылась бездна, и, в отличие от всех порядочных кошмаров, я была не на краю — о нет! Я была внизу, в той самой бездне, а край — где-то недосягаемо далеко вверху! Захрустело и зашаталось мое представление о нашей литературе и о нашей истории. И все это наложилось на бунтовщические порывы, что были во мне всегда, сколько я себя помню. Польские ли гены шалят? Не знаю. Но почему-то я никогда не могла принять советской религии, хотя не знала никакой другой. Какие уж тут богоискательства, когда и родины своей не знаешь! Я и не искала. Бог сам меня нашел, и помог мне выдержать, и уберег мою душу, потому что некому было больше уберечь мою душу в детстве моем и юности.

Я оцениваю в десять лет срок, на который меня отбросила назад советская образованщина. В 24, а не в 14 я получила понятие о настоящей культуре и настоящей истории. В 25, а не в 15 я начала писать. Да, были, конечно, попытки и раньше, но ведь это были каракули ребенка, который — хоть и не по своей вине — знает лишь половину алфавита! Сейчас мне 27. Ну да, достаточно лишь раз дорваться — а потом уже можно наверстать и, может быть, сократить разрыв.

Когда-нибудь — если успею! я догоню свои годы. В чем можно быть уверенным на этом прекрасном белом свете? Если буду жива. Если не посадят. Если не заберут в психушку. Много ли шансов? Это риторический вопрос, читатель.

Не знаю ответа.

Ирина Ратушинская. 1982 г.

1

Ах, какая была весна!
Весь апрель — под знаком вокзала.
Как преступно она дрожала —
Вкось заброшенная блесна!

Деревянную крестовину
Вышибала настежь — луной,
Шла бессонными мостовыми —
Тень раздваивала за мной.

Как в объятьих душила, бестия,
Как лечила — не умирай!
Ни России — ни вьюг — ни Пестеля —
Вот он, твой завещанный край!

Узнаешь ли — листок с оскоминой,
Старой музыки бледный круг,
Смех соленый да свет соломенный —
Не разнять окаянных рук!

Как вступала свирель приливами,
Как отлив горчил — не беда —
До чего мы были счастливыми
В двух неделях от "навсегда"!

Как отважно читали повесть
С эпилогом про сладкий дым...
Он ушел, тот весенний поезд.
Слава Богу, ушел живым.

2

Почему
Половина побегов — во сне?
(О, не бойся — не настигают!)
Темнота пересохла. Дожить бы!
Но в завтрашнем дне —
Половина другая.

От живых, что холодными пальцами правят
                                              судьбой,
Из ловушки зеркал,
Что, как устрицы, жадные створки
Приоткрыли — беги!

Не печалься, что там — за тобой.
За тобой ничего.
Вот они уже рвутся на сворке!

По пустыне асфальта,
По тверди —
Нестынущий след
Оставляя,
Сбиваясь,
Защиты просить не умея —
Мы уходим, бежим, задыхаемся...
Нет
Впереди Моисея.

3

Не исполнены наши сроки,
Не доказаны наши души,
А когда улетают птицы,
Нам не стыдно за наши песни.
Мы бредем сквозь безумный город
В некрасивых одеждах века,
И ломают сухие лапки
Наши маленькие печали.
Безопасные очевидцы —
Мы не сто́им выстрела в спину.
Мы беззвучно уходим сами,
Погасив за собою свечи.

Как мы любим гадать, что будет
После наших немых уходов!

Может, будут иные ночи —
И никто не заметит ветра?
Может, будет холодным лето —
И поэтов наших забудут?
И не сбудутся наши слезы,
И развеются наши лица,
И не вспомнятся наши губы,
Не умевшие поцелуя!

Неудачные дети века,
Мы уходим — с одним желаньем —
Чтобы кто-нибудь наши письма
Сжег из жалости, не читая.

Как мы бережно гасим свечи —
Чтоб не капнуть воском на скатерть!

4

Кому дано понять прощанье —
Развод вокзальных берегов?
Кто может знать, зачем ночами
Лежит отчаянье молчанья
На белой гвардии снегов?
Зачем название — любовь?
А лучше б не было названья.

5

Как беззвучно стремится мимо
Этот бешеный снегопад!
Словно ссорятся херувимы —
Только перья с небес летят!
Словно белые кони в мыле —
Свита снежного короля —
На лету, ошалев, застыли,
А возносится вверх земля.

И достаточно молвить слово —
И подхватит, и унесет
Так стремительно и бредово,
Что дыханье в губах замрет.

И завьются ветра крутыя
Под ногами, и сей же час
Побледневшие мостовые,
Накренясь, пропадут из глаз.

И, боясь упустить из вида
Сногсшибательный ваш полет,
С бельэтажа кариатида
Белой рученькой вам махнет.
Ну, возьмите ее с собою
В эти дьявольские снега,
В это буйное голубое,
Растерявшее берега!

Пропадайте в большом зените,
Не оглядывайтесь назад!
Что ж вы медлите?
Посмотрите —
Ваш кончается снегопад.

6

Бестолковый приемник короткими плещет волнами.
Ничего не слыхать —
Приговор, а на сколько? кому?
Лишь стеклянного столика хрупкая твердь между нами —
Да растрепанный ангел грустит в сигаретном дыму.

И кого он сумеет сберечь —
Несмышленная птаха —
Неумело пернат,
Темноглаз не по здешним краям,
Не по здешним порядкам не знающий плача и страха —
Неуказанно чей беспризорник
И чей савояр!

И кому он слетит на плечо —
Между дверью и цепью?
С кем поделит удушье
И в свой молчаливый черед
Переменит на пайку паек —
Да тряпье на отрепье —
Да ажурную штопку оград на простой переплет?

И зачем он ввязался в кошмар,
Где снега без ответа,
Где с рожденья до казни одно выбирают из двух?
Он не знает, он спит —
Заслоняясь ладошкой от света...
Он привык под помехи.
Не нужно прикручивать звук.

7

Я напишу о всех печальных,
оставшихся на берегу,
Об осужденных на молчанье —
Я напишу.
Потом сожгу.
О как взовьются эти строки,
Как запрокинутся листы
Под дуновением жестоким
Непоправимой пустоты!
Каким движением надменным
Меня огонь опередит!
И дрогнет пепельная пена.
Но ничего не породит.

8

*Моему незаконному прадеду —
подпоручику гражданской войны*

В двух верстах от реки Двины —
С пулей в горле —
В последней муке —
Посредине своей войны
Ты навек запрокинул руки.

И по белой рубашке — кровь
Голубая.
И рот прокушен.
И растерянных муравьев —
Хороводом —
Простые души.

Вместо будущих летних дней,
Вместо горькой посмертной славы —
В опрокинутой глубине
Голосят
Над тобою травы.

Отлетела
Твоя гроза.
Мы — в позоре чужих парадов.
Но даны мне твои глаза —
Как проклятие
И награда.

9

БАЛЛАДА О СТЕНКЕ

Да воздастся нам высшей мерой!
Пели вместе —
Поставят врозь,
Однократные кавалеры
Орденов — через грудь насквозь!
Это быстро.
Уже в прицеле
Белый рот и разлом бровей.
Да воздастся!
И нет постели
Вертикальнее и белей.
Из кошмаров ночного крика
Выступаешь наперерез,
О мое причисленье к лику,
Не допевшему
До небес!
Подошли.
И на кладке выжженной,
Где лопатки вжимать дотла,
С двух последних шагов я вижу —
Отпечатаны
Два крыла.

10

Ненавистная моя родина!
Нет постыдней твоих ночей.
Как тебе везло
На юродивых,
На холопов и палачей!
Как плодила ты верноподданных,
Как усердна была, губя
Тех — некупленных
     и непроданных,
Осужденных любить тебя!
Нет вины на твоих испуганных,
Что ж молчат твои соловьи?
Отчего на крестах поруганных
Застывают
    слезы твои?
Как мне снятся твои распятые!
Как мне скоро по их пути
За тебя —
   родную,
     проклятую —
На такую же смерть идти!
Самой страшной твоей дорогою —
Гранью ненависти
     и любви —
Опозоренная, убогая,
Мать-и-мачеха,
    благослови!

11

Странный сон приснился мне сегодня:
расстрелять меня должны на рассвете.
И сижу я в бетонном подвале,
А рассвета из подвала не видно.
И является мой одноклассник,
Мы сидели с ним за одной партой,
И катали друг у друга заданье
И пускали бумажного змея,
(правда, он не взлетал почему-то).
Одноклассник говорит: Добрый вечер.
Как тебе не повезло. Очень жалко.
Ведь расстрел — это так негуманно.
Я всегда был за мягкие меры.
Но меня не спросили почему-то,
Сразу дали пистолет и послали.
Я ведь не один, а с семьею,
У меня жена и дети — сын и дочка.
Вот, могу показать фотографии.
Правда, дочка на меня похожа?
Понимаешь, у меня старуха-мама.
Мне нельзя рисковать ее здоровьем.
Нам недавно дали новую квартиру,
В ванной — розовые кафельные стены.
А жена хочет стиральную машину.
Я ведь не могу... И бесполезно...
Все равно мы ничего не изменим.
А у меня путевка в Крым, в санаторий.
Ведь тебя же все равно... на рассвете.
Не меня б прислали, так другого.
Может быть, чужого человека.
А ведь мы с тобой вместе учились
И пускали бумажного змея.
Ты себе представить не можешь,
Как мне тяжело, но что же делать?

12

Не надо просить о помощи.
Мир этот создан
                мастерски.
Что будет — зачем загадывать,
А горечь уже прошла.
Пойду отражаться полночью
В пустых зеркалах
                        парикмахерских
И многократно гаснуть
С другой стороны стекла.
На грани воды
           и месяца
Не задержу мгновение,
Шагну, запрокинув голову,
Ладонью скользну
                   в пустоту.
И стану случайным отблеском,
Мелькнувшим обманом зрения —
Как отражение девочки,
Которой нет на мосту.

13

И. Г.

Что же стынут ресницы —
Еще не сегодня прощаться.
И по здешним дорогам еще не один перегон —
Но уже нам отмерено впрок эмигрантское счастье —
Привокзальный найденыш,
Подброшенный в общий вагон.

Мы уносим проклятье —
За то, что руки не лобзали.
Эта злая земля никогда к нам не станет добрей.
Все равно мы вернемся —
Но только с иными глазами —
Во смертельную снежность
Крылатых ея декабрей.

И тогда
Да зачтется ей боль моего поколенья,
И гордыня скитаний,
И скорбный сиротский пятак —
Материнским ея добродетелям во искупленье —
Да зачтутся сполна.
А грехи ей простятся и так.

ЛЕНИНГРАДСКИЙ ТРИПТИХ

I

Этому граду никто не подымет век.
Улица взведена — только не побеги!
В городе мертвых — живому держать ответ.
Слышишь — по лестничной клетке — их сапоги?
    В этом забвении — век не расти траве,
    В этом молчании — только кричать во сне!
    Наше дыхание — здешней зимы трофей
    И на губах у прохожих не тает снег.

II

Итак,
Купанье Черного коня
На Черной речке.
Всплеск диагонали!
И офицеры встали у воды.
Итак — снега над белыми полями,
И вкус свободы тает на губах.
Наш ход — из клетки в клетку.
Нет, не плачь.
Пусть не тебе — корона королевы.
Не плачь, не снись.
Мое каре смертельно.
Как просто подстрелить мою планиду:
Не росчерком — движением руки — одним...
Не надо.
Не смотри туда.
Не в первый раз над белыми полями
Такой декабрь —
Смешенье пуль и крыльев.
Зачем нам знать,
Когда река чернеет?

III

Н. Л.

Матерь Божья, почему темно?
Хочешь, я зеленую лампаду
Затеплю?
А впрочем, нет, не надо.
Ты глядишь, как девочка, в окно:
Чьи шаги звучат по Петрограду?
И тебе еще не все равно.

15

Сентябри мои за морями
Мы не станем друг другу сниться.
Город с низкими фонарями,
задевающими за ресницы,
Ты, растящий своих паяцев,
Там, где время — стена немая,
Ты, умеющий так смеяться,
как другие хлеба ломают —
Я желаю тебе — погоды!
Улыбнись. Я сдержу дыханье.
Посмотри — я твоей породы.
Я не порчу плачем прощанье.

16

Ох, разучилась вязать узелок!
А бабка умела.
Наше ль добро обернуть тяжело
Лоскутом белым?
Что нам с собою? —
Тетради сгорят,
Хлеб зачерствеет.
Все же исполним прощальный обряд —
Накрест затянем назначенный плат.
Кто как сумеет.
В руки — и с Богом!
Травы не пригнем —
Так невесомы.
Не обернемся и не упрекнем.
Что нам показывать муку при нем —
Невознесенном?
Вслед захлебнется в сырой теплоте
Чей-то невольник...
Стоит ли медлить на самой черте?
Как мы условны на здешнем холсте!
Даже не больно.

17

Господи, что я скажу, что не сказано прежде?
Вот я под ветром Твоим в небеленой одежде —
Между дыханьем Твоим и кромешной чумой —
Господи мой!

Что я скажу на допросе Твоем, если велено мне
Не умолчать, но лицом первнуться к стране —
В смертных потехах, и в клочьях разлуки, и глухонемой —
Господи мой!

Как Ты посмеешь судить,
По какому суду?
Что Ты ответишь, когда я прорвусь и приду —
Встану, к стеклянной стене прислонившись плечом —
И погляжу,
И Тебя не спрошу ни о чем.

18

Мы словесно непереводимы.
Что стихи? — это запах дыма
Не тому, кто курит, а — рядом.
Аромат, переставший быть ядом.
Синь-трава. Невесомое дело.
А когда потянет горелым —
Так положено.
Все это знают.
Неизодранное знамя
Существует до первого боя.
Выше! Вот уже клочья... С тобою
Бог,
А кто за тобой — невредимы,
Только волосы пахнут дымом.
А другой судьбы просто нету.
На роду российским поэтам
Быть простреленными, как знаменам.
А потом уже — поименно.

1982 г.

19

Вот он над нами, их жертвенный плат.
Мазанный кровью.
Выйди пророчить мор и глад —
Никто и бровью...
Стоит ли спрашивать, что тебя ждет
На повороте?
Молча Кассандра чаю нальет,
Сядет напротив.
Молча постелит, заштопает рвань,
Кинет на кресле.
Молча разбудит в бездонную рань
И перекрестит.
Нет еще колера для твоего
Смертного флага.
Больно уж молод, да что ж, ничего!
Гож для ГУЛага.

1981 г.

20

Как невыгодно для парада:
По Дворцовой площади — дождь!
И текут щиты на фасадах,
И подплыл пролетарский вождь
Чем-то липким,
И мокнут флаги,
И преступно ползут следы —
По плакатам, тряпью, бумаге —
Как по плахе бубновый дым!
Силуэты уже безглазы,
Но годятся пугать ребят.
В мокрый камень грохая разом
По Дворцовой грядет парад.
А она больна и покорна,
Очи наглухо — ни окна!
Красной чернью, что кровью черной,
По периметру окружена.
Вот сомкнутся — довольно слова —
Озвереют, сорвавшись с мест...
Но не смеют — ангел суровый
Так упрямо возносит крест!

1981 г.

21

Отчего снега голубые?
Наша кровь на тебе, Россия!
Белой ризой — на сброд и сор,
Нашей честью — на твой позор
Опадаем — светлейший прах.
Что ж, тепло ль тебе в матерях?

1981 г.

22

Не может быть! Тюремный домовой —
Совсем уж нереальная фигура!
Ну, козни. Ну, лукавая натура...
Но где он спрячется?
С большою головой,
Косматый, сененький... В подушке? Под кровать?
Найдут при обыске. За тумбочкой? Опять
Найдут... Куда же? Заползет под платье?
Но платье утром будут надевать...
А вот завелся, бестия! Шуршит
И возится. То форточку откроет
И дунет так, что черновик слетит,
То под окном тихонечко завоет,
Как если дуть в порожний пузырек.
То ночью грохнет мыльницею с полки,
То утром я расчесываю челку,
А в ней косичка. Ласковый намек!
И тоненький скребется коготок[1] —
За батареей, что ли? Кошки-мышки!
Кого ловить? И кто на чьем хвосте?
Зачем закладку вынимать из книжки
И, трубочкой свернув, пихать в постель?
Ну ладно. Лампочка сгорает раз в неделю —
По вторникам. И бесится конвой,
Натужно постигая: в чем же дело?
Хорошенькое дело — домовой!
Ну что ему пришьешь? И как допросишь?
Какую к черту выберешь статью?
Хотя статью найдут, и к ней — доносы...
Ну, а кого посадишь на скамью?

---

[1] В полученной копии "хохоток".

Допустим, бутерброды все без масла
И потому не падают. И он
Тут не при чем. Но мне еще неясно:
Когда на отдаленной башне звон
И бьет четырнадцать — какое это время?
И кто там бьет? И, может быть, кого?
Ох, шестипалое лихое племя!
Ужо я доберусь! Но тут совок
Для мусора — тихонечко съезжает
По стенке... трах! Как громко для совка!
Обиделся! Мол, пусть не обижают
Нахалки разные седого старика!
А, впрочем, он не дуется подолгу!
Лукавец от ушей и до хвоста —
Хихикнул, хрюкнул — и полез на полку.
И там затихло. Видимо, устал.
А тут и спать пора. Закрыть от света
Глаза — ладонью. Самый лучший сон
Заказываю! Что я дам за это?
— А что с тебя возьмешь? — смеется он.
И вот я вижу: поле зверобоя,
И кто-то там летит над ним, летит...
И мне кричит: Беру тебя с собою!
А за спиною вдруг как захрустит!
Ах ты, лохматый! Маленький дикарь!
Кончай шалить — уж на сегодня хватит!
Гляжу спросонок... Лежа на кровати
Сокамерница кушает сухарь.

                        Октябрь 1982 г.

23

Моя тоска — домашняя зверюшка.
Она тиха и знает слово "брысь".
Ей мало надо: почесать за ушком,
Скормить конфетку и шепнуть "держись".
Она меня за горло не хватает
И никогда не лезет при чужих.
Минутной стрелки песенка простая
Ее утешит и заворожит.
Она ко мне залезет на колени,
По-детски ткнется носом и уснет.
А на мою тетрадь отбросит тени
Бессмысленный железный переплет.
И только ночью, словно мышь в соломе,
Она завозится и в полусне
Тихонько заскулит о теплом доме,
Который ты еще построишь мне.

Октябрь 1982 г.

24

Круто сыплются звезды, и холод в небесных селеньях.
Этот месяц на взмахе—держись,не ослабя руки!
Закрываешь глаза — и за гранью усталого зренья
Конькобежец, как циркуль, размеренно чертит круги.
В черно-белой гравюре зимы исчезают оттенки,
Громыхает глаголом суровое нищенство фраз.
Пять шагов до окна и четыре от стенки до стенки,
Да нелепо моргает в железо оправленный глаз.
Монотонная хитрость допроса волочится мимо,
Молодой конвоир по-солдатски бесхитростно груб...
О, какое спокойствие — молча брести через зиму,
Даже "нет" не спуская с обметанных треснувших губ!
Снежный маятник стерся: какая по счету неделя?
Лишь темнее глаза над строкою да лоб горячей.
Через жар и озноб — я дойду, я дойду до апреля!
Я уже на дороге. И Божья рука на плече.

Октябрь 1982 г.

25

Государь-император играет в солдатики — браво!
У коней по-драконьи колышется пар из ноздрей...
Как мне в сердце вскипела твоя оловянная слава,
Окаянная родина вечных моих декабрей!
Господа офицеры в каре индевеют — отменно!
А под следствием будут рыдать и валяться в ногах,
Назовут имена... Ты простишь им двойную измену,
Но замучишь их женщин в своих негашеных снегах.
Господа нигилисты свергают святыню... недурно!
Им не нужны златые кумиры — возьмут серебром.
Ты им дашь в феврале поиграть с избирательной урной
И за это научишь слова вырубать топором.
И сегодня, и завтра — все то же, меняя обличья, —
Лишь бы к горлу поближе! — и медленно пить голоса,
А потом отвалиться в своем вурдалачьем величье
Да иудино дерево молча растить по лесам.

Декабрь 1982 г.

26

Я письмо пишу сегодня
На тот свет. А что же —
Если с этого ни строчки,
Ни вести? А рожи
Тюремные — не людские,
Не ясные лица —
Так и сунуться[1] в кормушку:
Что ж, мол, не боится?
Может, все-таки заплачет,
А там и пощады —
Заскулит? Глазок незрячий,
Конвоир прыщавый...
И не страшно, да ведь пакость!
Воздух липнет к коже.
Не учили в детстве плакать —
Царствие им Божье —
Бабка с дедом — а все буквам,
Латинским и нашим...
Только выучить успели доброе от злого
Отличать — как у постели
С крестом в изголовье
Все сиротство отревела
Я вперед, на годы...
Дед, не шляхетское дело —
Плакать перед сбродом,
Правда? Бабушка, в любистке
Ты меня купала,
Чтоб по камерам гебистским
Свежесть не пропала,
Да шептала и крестила,
Платком укрывала,
Чтобы горло не простыло
В тюремных подвалах!

---

[1] Так в получ. копии; м. б. след. читать "сунутся", "суются".

А сейчас бы передачу
Принесла и гордо
Посмотрела бы — без плача! —
В служебные морды.
Яснейшая моя пани
В ботах из починки!
Хороши ли под стопами
Облаков овчинки?
Деду, самый первый рыцарь,
Твердыня кристалла!
Помнишь: "Трижды разориться —
Лишь бы честь осталась!"
Видишь, крепко заучила.
Доволен ли мною?
Мне ль набрасывать кручину
На плечи весною?
Улыбнитесь мне, родные,
И благословите
На пути мои земные —
Не в холопьей свите,
И не в свалке за погоны
Да черную "Волгу",
А в столыпинском вагоне
На верхнюю полку,
Да на ватник не по росту,
На платок измятый,
На легкую мою поступь
Меж двух автоматов.

                              4 марта 1983 г.

27

Посвящено моему другу
Валерию Сендерову

О нем толковали по всем лагерям,
Галдели в столыпинских потных вагонах,
И письма писали о нем матерям,
И бредили в карцере хрипнувшим горлом.
Давно ли сидит он — не помнил никто,
Но знали: делился пайком и заваркой,
И отдал мальцу на этапе пальто,
А в зоне голодных кормил с отоварки.
И, спутав со слухом невнятную быль,
Гадали: за что он влетел в арестанты?
Одни говорили: за то, что любил.
Другие шептали, что за пропаганду.
А он им паек в колбасу превращал,
Лечить их не брезгал — чесотка ли, вши ли.
А женщин жалел, понимал и прощал.
И даже не требовал, чтоб не грешили.
Он боль унимал возложеньем руки,
Учил: вы не звери, пора бы из клеток...
И самые верные ученики
Его продавали за пачку таблеток.
А он говорил: ваши души во тьме,
И что, мол, с вас спросишь.
И гневался редко.
А впрочем, болтали в Бутырской тюрьме,
Что он за донос изувечил наседку.
Одни уходили, отмаявши срок,
Другие амнистии ждали напрасно,
А он под нее и попасть бы не мог,
Поскольку считался особо опасным.
Но четверо зэков, уйдя по домам,
О нем записали, что знали, в тетрадку.
Их тут же забрали, и к новым делам
Подшили их записи — все по порядку.

И взяли его — неизвестно куда.
И где он теперь — в рудниках или ссылке,
А может, под коркой сибирского льда —
Спросите попутчиков на пересылке.

        Март 1983 г.

28

Господи, как он там? Присмотри за ним,
Чтоб с ума не сошел в пустом закутке квартиры,
Устыди его боль, от отчаянья охрани —
Чтобы с ясным лицом — за двоих — он встал перед миром.
Подымаю чашу — да будет воля Твоя!
Видишь: руки спокойны, легко беру и не трушу.
Но на чернь — белой эмульсии бытия —
Укрепи его душу!
Мне светлей, чем ему, и дорога моя проста:
Отшлифована сколькими! Вызубрен каждый камень!
Мне не трудно на ней — гляди! Лишь его не оставь
В сумасшедших углах, размеченных пауками!
Только руку не отними от его плеча,
Только не лиши опоры — твоей твердыни,
И ошейник он скует на нашу печаль
Из бессмертного сплава верности и гордыни.
А когда мы вместе встанем перед Тобой,
Ни о чем не проси — чего больше, когда мы рядом! —
Ни клинком не разнять, ни архангельскою трубой.
Мы ответим Тебе, не опуская взгляда.

Апрель 1983 г.

29

У изменницы и отступницы,
У сучка в державном глазу,
У особо опасной преступницы —
Ну и смеху! — режется зуб.
По-цыплячьи стучится, лезет,
Ничего не желая знать.
Что с того, что окно в железе?
Все растет — на то и весна!
Приговор мой ждет утвержденья,
Заседает Верховный суд...
Тут бы хныкать о снисхожденье —
Но мешает крамольный зуб!
Прет наружу целое утро,
И скворцом трещит голова...
Непутевая моя мудрость!
Ты нашла, где качать права!
Что поделать? А завтра обыск!
Обнаружат, подымут вой,
И за то, что не смотрят в оба,
Нагоняй получит конвой...
По инструкции — не положен
Острый, режущий сей предмет!
Как так вырос? Да быть не может!
Да такого в правилах нет!
Ишь, нахалка, что вытворяет!
Это слыханные ль дела?
Где другие — зубы теряют,
Эта — новенький завела!
Может, сунули в передачу?
Может, это хитрый протез
С телекамерой? Не иначе,
Как на денежки НТС!
И пойдут по столам бумаги,
И начальник тюрьмы вздохнет:
— Поскорее бы сплавить в лагерь!
Потерпите еще денек!

Есть у нас на шальных поэтов
Наш гуманный Верховный суд:
Утвердят приговор, и поеду.
Может, крылышки отрастут!

                                      Апрель 1983 г.

30

По хлебам бродил довоенный ветер,
А смешной гимназист, влюбленный во все на свете,
Изводивший свечи над картами МАГЕЛЛАНА,
Подрастал тем временем. Все по плану
Шло, не так ли, Господи? Под холодным небом
Бредил всеми землями, путая быль и небыль.
— Апельсиновые рощи Сорренто, — шептал и слушал,
Как чужие слова застилают печалью душу.
— Варвары спустились в долину, — он твердил по-латыни,
И рвалось, как из плена, сердце к этой долине.
А когда уездный город Изюм занесло снегами,
Он читал, как рабыни, давя виноград ногами,
Танцевали над чаном под хохот медных браслетов,
И от этого сохло горло, как прошлым летом.
Со стены улыбался прадед в литых лосинах,
Бесконечно юный, но потускневший сильно.
Застекленный декабрь стоял, как часы в столовой,
И смотрел, и ждал, не говоря ни слова.
А потом весна-замарашка в мокрых чулках —
Тормошила, смеясь, и впадину у виска
Целовала — и мальчик немел от ее насмешек.
Все уроки — кубарем! Все законы — смешаны!
Он бегал посмотреть ледоход, и ветер апреля
Выдувал облака соломинкой. МАРК АВРЕЛИЙ
Ждал с античным терпеньем, открыт не на той странице.
Продавали моченые яблоки. Стыли птицы
В синеглазой бездне, выше колоколов!
И для этой печали уже не хватало слов.
И рука отчизны касалась его волос...
Он как раз дорос до присяги, когда началось,
Он погиб, как мечтал, в бою, защищая знамя.
Нам бы знать — за что нас так, Боже?
А мы не знаем.

2 мая 1983 г., малая зона

31

А мы остаемся —
На клетках чудовищных шахмат —
Мы все арестанты.
Наш кофе
Сожженными письмами пахнет,
И вскрытыми письмами пахнут
Почтамты.
Оглохли кварталы —
И некому крикнуть "Не надо!"
И лики лепные
Закрыли глаза на фасадах.
И каждую ночь
Улетают из города птицы,
И слепо
Засвечены наши рассветы.
Постойте!
Быть может — нам все это снится.
Но утром
Выходят газеты.

1982 г.

32

С какою нежностью и властью
Нас время за плечи берет,
Чтоб об свободу в клочья — рот,
Да степь да шпоры —
Да вперед —
Какая жизнь, какое счастье!
Какой блистательный конец —
Напишет вдохновенный лжец
С неисторическим пристрастьем.
Чтоб семилетним пацаном,
Расплакавшись над нашим "прежде",
Готовый тою же ценой
Все те же искупить надежды —
Хоть кто-нибудь, когда-нибудь...
Казенный дом, червонный путь.

33

Где вместо воздуха — автобусная брань,
Где храп барака вместо новоселья...
Ах, родина, зачем в такую рань
Как сонного ребенка из постели,
Ты подняла меня? Татары ли насели?
Да нет, — молчок!
Лишь тьма да таракань.
Да русский дух.
А гуси улетели.

INTRODUCTION

Irina Ratushinskaya, the author of this collection of poems, is currently in Mordovia serving the second year of her seven-year term in a "strict-régime camp." Within the judicial system, this terminology serves to obfuscate the phenomenon of penal servitude. Upon her discharge from the camp, Ratushinskaya is faced with five years of internal exile, which means that, arrested at twenty-eight, the poetess will gain her liberty at age forty. By implementing the time of its subjects in such a fashion, the state, to all appearances, is seeking to guarantee itself a future.

This collection contains, among others, the poems, whose "manufacture and dissemination" brought down upon the twenty-eight-year-old writer the state's wrath, which manifested itself in such an unhuman sentence. No matter what ratio it establishes between the genuineness of art and the fate of its creator, the state consistently overlooks the fact that a crown of thorns on the head of a bard has a way of turning into laurel. Any art, and especially poetic art which has to do with language, is always simultaneously older and longer-lasting than the state. The manufacture of verse is more ineluctable than a socialist—or, for that matter, than any political—system; and its dissemination also transcends the boundaries laid down for the state by space and time. Hence the state's fear and hatred of a genuine poet: it's jealousy and hatred for that which will outlive it.

To hide a poet behind bars is like breaking a watch, it is a falsification of time, for poetic metre is nothing other than restructured time. What's referred to as the music of poetry, what's regarded as the poet's lyricism, is the fusion of time and language, the illumination of language by time. Ratushinskaya is a remarkably genuine poet, a poet with faultless pitch, who hears historical and absolute time with equal precision. She's a full-fledged poet, mature, with a voice of her own, piercing but devoid of hysteria. This is not the proper place for discussing her literary genealogy, although her work reveals the influence of Tsvetaeva and Akhmatova. And yet the poet, as well as the reader, should be grateful to fate for the presence of such influence. Whatever bad luck Russia may have had in this century, it has been extraordinarily lucky with its poetry. Ratushinskaya's poems confirm the fact that the luck holds. The price of this luck, however, has been frightful, as is confirmed by her fate.

A political judicial system is criminal in and of itself; the very conviction of a poet is not only a criminal offense but above all an anthropological one, for it constitutes an offense against language, against that which differentiates man from beast. Toward the end of the second millennium after the birth of Christ, the conviction of a twenty-eight-year-old woman for the manufacture and dissemination of poems whose content was unsuitable to the state strikes one as a Neanderthal shriek, or, rather, it testifies to the degree of bestialization achieved by the first socialist state in the history of mankind.

Joseph Brodsky

Translated by anonymous

MY HOMELAND

My homeland—well, what if it's not mine to write about? Could anyone be without it? Or do I have one after all? And then, what is it—this homeland?

On my passport the nationality column says Russian. Does that mean my homeland is Russia? Maybe, but I'd already become an adult by the time I got to geographical Russia, and even then I saw only a bit of the geography: Moscow, Leningrad, and that's it. And so what? Was I moved by those birches they sing about all the time? I have to confess, no. Those ever-rustling birches don't grow in Odessa. And that's where I was born—Odessa. The map calls it the Ukraine and, sure enough, my heritage seems to be Ukrainian culture, Ukrainian speech, and Ukrainian customs.

But let's back up a minute. If you've ever been to Odessa, you wouldn't be fooled: it's not the Ukraine. I, for instance, knew all about Urkainian speech, books, and turns-of-phrase, but in my 24 years of living in Odessa I never once had to use Ukrainian—there was no one to talk it with! Odessan speech, though related to Russian originally, over time became imbued with so many local sources, colors, and idioms that it had become a unique and bawdy personality all its own.

This robust creature was quite outlawed, however. As the Secretary of the Odessan City Komsomol said, for instance, only the "great tradition of revolutionary working-class struggle" could be recognized in the local lingo. And the ballsy humor festival long held in Odessa was vanquished to outlying Kalinin where, nicely cut off from its sources, it nicely died, thank you. These things are necessary. Let us remember that we are a generation blessed with the blossoming of Soviet power; we have been educated in Soviet fashions by their most-well-educated specialists; so we have swallowed the biggest bite of all: that our Homeland (with a capital letter) is the whole Soviet Union. From one blessed border to the other, the vast Siberian taiga and the little Baltic states are all one home. And it's all ours. Who cares if we pull off a little chunk of Finland, or Poland, or Japan—it's still the same dear place, one we love to tears and would gladly lay down our lives for. The only thing is that we know no normal person can have such a sense of homeland.

What else is there? Poland? Sure: that's where my great-grandfather got himself killed for patriotic revolution. That's where my ancestors had large estates, which they lost just about the time they got smart enough to survive as new creatures in Odessa. I learned a little of the old Polish world through some books, and I found a little of Polish literature through cracks here and there in the mass of Soviet censorship. I got some glimmerings of the Polish character, too, from tirades in Maxim Gorky. This was a crude world, safely separated from polite society by appearing through the lips of a gypsy (a simple woman, politically illiterate, far from the author's own intentions).

But I shouldn't forget that it was Soviet authorities who entirely erased all curiosity and concern for origins any of my family—once nobles—might ever have felt for those earlier times. Times now were hard enough—and there was plenty to fear from officials snooping around our pedigree.

And so we forget, and so we substitute identities: remembrance is not safe for Soviets! We Soviets! As for those quaint museum pieces— Polish, Odessan, and Ukrainian speech and families—they are nothing and in no way connected to real life. And as for grandmother with her devout Catholicism: look how many times the KGB pulled her in because of that churchgoing! Thus was I protected. My relatives kept grandfather and grandmother from teaching me the Polish language; they forbid them to speak to me of their love of religion and other such "non-Soviet" themes. The grandchild should not be contaminated! And the old threads from the past, those useless umbilical cords, they would be dried up and cut off.

What was left to me? Was I to find joy in the homogenized-Soviet intelligentsia? In their proper literature? Oh come on now! Even my dear mother, who taught literature in school, couldn't tell the difference between Pasternak and Balmont. Of Blok she knew only the officially-sanctioned "The Twelve." And this was where I found myself. Only after I had properly learned about the proper silver century of Russian literature could I happen to hear references to certain ill-mannered decadents whose only achievements were that they were untalented and, rogues that they were, threatened to lure the people away from the true path of revolutionary struggle. This was our culture.

Dear reader, try an imaginary experiment. I say "imaginary" because no normal person could ever do such a thing—and yet it happened to our whole nation!

The experiment is this: take any old book and, with a dull file, hack a piece off of it. Now by this piece try to figure out what the contents might have been of the whole book—but first destroy the rest of the book, so you're not ever tempted to look back! And so you have what was done for our benefit: destroying genuine world culture to bring us to "the present epoch of the Soviet race." There you have it. That's how we found our destiny under communism.

In a family of people basking in higher Soviet education, in schools girded in systematic controls, and in a literary world of deliberately half-baked books and journals, how could we have received any sense of other available culture? We never even knew of any "other" existing! So what a shock it was in my 24th year when I somehow happened to come across works of Mandelstam, Tsvetayeva, and Pasternak. I could have them but briefly, but I devoured them—and they literally threw me to my knees, physically shaking with delirium and fever. An abyss opened up before me and, unlike your normal nightmare where you can see yourself as an observor on the edge, I was thrown deep within, competely severed from whatever safe opening I'd come from. All my senses of history and literature were cracked and staggered. All the pent-up notions of who I might have been were stirred into motion. Was this the Polish spirit frolicking of its own accord now? I couldn't say. All I knew was that as long as I had been unable to take the Soviet religion seriously, there had never been any sense of anything to take its place. How could I go religion-seeking up there when I never even had my feet on the ground—in any homeland—down here? Clearly, I had not been looking for what now seemed to have found me. "It" had found me, as if a long-forgotten God had all along been bouying me up and guarding my soul when no one had been allowed to do this in all my years of childhood and youth.

I covet that ten years I lost to my Soviet pseudo-education. Yet it was at 24, not 14, that I got a glimpse of our genuine culture and actual history. It was at 25, not 15, that I began to write. Yes, there were attempts before, writing attempts, but they were the mere scribblings of a child who through no fault of her own knew only half an alphabet. Now, in my 27th year, it is appetite I have, and abundance to garner. I can make up for lost time—and time is what I have to seek some truths and pull together some lost pieces.

It's okay. I'll do it. I'll make up those years. I won't lose the thread so long as I live—so long, as I hope, as I'm not thrown into prison or some psych ward. Do I have a chance? No rhetorical questions, dear reader.

No easy answers.

Translated by Philip Balla

1.

What a perfectly lovely spring,
April bore the promise of travel,
Spring unrestrainedly aquiver—
Casted spoonbait, catching the sun!

Turned to moonlight, the season blasted
Railroad frogs with phosphorous sheen
And redoubled as my companion,
Walking through insomniac streets.

With a bearhug that jolly swindler
Urged recovery—You must live!
Not for Russia, Pestel or wintertime—
Behold your inherited land!

Will you learn of a leafy aftertaste,
The pale circle of songs grown dim,
Spicy smiling and saffron shimmering?
But hands clasp in a union damned.

How the reed-pipe commenced a billowing
Tune, to pique a tide at the ebb,
As we lost ourselves in a happiness
Those two weeks preceding the end.

We perused a novella bravely
With sweet smoke in the final line.
It departed—that train of April,
Thank the Lord, it has gone—alive.

Translated by Susan Layton

2.

Why do half
Of our getaways happen in dreams?
(Don't be scared! They aren't overtaking
Us.) The darkness has dried. Sheer survival!
But the day which dawns
Brings the rest of the tally.

From the living, directed by icy-cold fingers of fate,
From the mirrors with traps
Set ajar like the slit of voracious
Oysters—make your escape!

Don't lament anything you have left—
Back there nothing remains.
Coming closer, they strain on the leashes.

Through a desert of asphalt,
Over earth,
Imprinting hot trails
For pursuers;
Unable
To ask for protection, we're leaving,
Running, panting in unending wandering.
No—
Moses walks as our leader.

Translated by Susan Layton

3.

Days allotted to us are still running,
And no sentences bind our spirits.
At the sight of the birds' departure
We admit to these songs, undaunted.
Through this lunatic town we wander,
Dressed in clothes so typically ugly,
And the feeling of sorrow fractures,
Snapping boughs on the brittle fir trees.
Witnesses who can pose no danger!
Why take us as your rifles' target?
With no prompting, we leave in silence,
Making sure we have snuffed the candles.

How we love to foretell the future
Which will follow our mute withdrawal!

Maybe nights will increase in number,
And the breezes escape attention?
Maybe summer will turn quite chilly,
And our poets will be forgotten?
And our tears will remain inactual,
And our faces will blur, dissolving.
Past recalling, our lips will vanish,
Unhabituated to kisses!

We, the century's hapless children,
Make our exit, preserving wishes
That whoever may find our letters
Kindly turn them, unread, to ashes.

With what care we extinguish candles—
So that wax will not spot the linen!

Translated by Susan Layton

4.

Who's fated to know what parting is—
Where tall ships go, the bridge-halves lift.
Who can know just why it is
At night, despair of silence lies
On the white guard of the snowdrift.
Why name love—the world's bereft.
Better there were no name for this.

Translated by Pamela White Hadas and Ilya Nykin

5.

Snowflakes whirl in a crazy flutter,
Dashing silently through the air—
An explosion of angel feathers,
When the heavens erupt in war!
As if horses in lathered frenzy—
Thoroughbreds for a Snow King's suite—
Stood arrested in flight and frozen,
While the earth makes an upward sweep.

Utterances assume a gusty
And precipitious movement, grasped
By delirious wind and rushing
Past the lips, as a speaker gasps.

And the gales at a dizzy, widened
Angle veer to entwine a boot,
As the vanishing line of whitened
Roadways shifts to a cockeyed tilt.

When you catapult through a soaring
Spin, a caryatid will wave
Her white hand from a second story,
In a gesture to make you wait.
So invite her to join this foray
Into diabolical flakes,
Sailing free from the planet's moorings
To the blue of tumultous space.

Disappear through those boundless arches
Without pausing to glance about!
Why the lethargy?
Take a sharper
Look: your fast-falling snows abate.

Translated by Susan Layton

6.

The radio emits a barrage of mysterious crackles,
Leaving us in the dark.
". . . prison sentence. . ." But who? How long?
Here we sit at the glossy, fragile table, while an angel
Watches sadly, dishevelled in clouds of the cigarette smoke.

But just whom does he think he'll protect—
This exotic, untutored
Bird so clumsily plumed?
Eyes much darker than seen in these parts,
Inconversant with usual sessions of weeping and terror—
An unsummoned arrival—this orphan,
This traveler with wares!

Flying between the door and the chain,
Will he light on a shoulder?
Why should he share suffocation,
And silently learn to displace
Daily doles with the rations of jail,
Shed old clothing for tatters,
Taking regular bars for the filagree work of a fence?

Why get caught in a nightmarish world
Where the snow goes on rampage,
And biography runs from the birthday to riflemens' squad?
Knowing nothing, he sleeps
With his palm as a shield from the lamplight,
Undisturbed by the static.
No need for adjusting the sound.

Translated by Susan Layton

7.

I will write about the despondent
Who stayed behind on the shore.
Of those sentenced to be silent
I will write.
And then I'll make a fire.
O, how these lines will soar up,
The pages fall back to ash
Under the savage slap
Of a long-lapsed emptiness!
With what an arrogant gesture
I will be outstripped by the flame!
And the foam of ashes will quiver
But nothing will be born from them.

Translated by Pamela White Hadas and Ilya Nykin

8.

>To my unknown ancestor—
>a lieutenant-colonel in the civil war

Not too far from the Dvina's shore,
Throat ripped open
As final torture,
A statistic in your distant war,
Arms stretched out in a final gesture.
    Here your shirt has a bluish spot
    From the bleeding,
    Your mouth is punctured.
    Thrown into mass confusion, ants
    Do the dancing
    Of simple creatures.
So in place of new summer eves
And the posthumous glint of medals,
You have choruses of the weeds
To bewail you
In conquered meadows.
    Now your thunder
    No longer peals.
    We parade in their vile processions.
    But your eyes were bequeathed to me—
    As anathema
    And a blessing.

Translated by Susan Layton

9. BALLAD ABOUT A WALL

May it be served upon us in the first degree!
We sang together—
Now they will keep us apart.
One time we freely
Bore orders—straight over the heart!
This is quick,
Already in the gun's sight
Is the white mouth and shattered forehead.
May it be served!
More vertical and white
Than any other bed.
Out of the night cry's horrors you could
Step across the line.
Oh, my enrollment in sainthood
That doesn't require singing
To reach Heaven!
We are going up.
And on the scorched wall's masonry,
Against which my shoulder blades will be pressing
Completely, in the last two steps I see—
Imprinted there—
Two wings.

Translated by Pamela White Hadas and Ilya Nykin

10.

Could my country be more despicable?
Shame unmatched when the nighttime falls.
Such a boundless store
Of the lickspittles,
Executioners, holy fools!
How you breed your compliant populace
And so keenly destroy the few
Of your subjects who shun
                        your bartering,
Sentenced nonetheless to love you!
Guilt lies not on your scared and trembling,
Do your nightingales have no voice?
See your tears on cursed crosses glistening,
Freezing hard
            in a coat of ice?
How your crucified haunt my dream-troubled
Sleep, how soon I too shall be sent—
For your sake—
            my dearest,
                      my damnable—
Down that road to the selfsame end.
Down a pathway which skirts the borderline
Between animosity
                and love,
My dishonorable, beggarly
Mother-Orphaner,
                bless now my leave!

Translated by Susan Layto

11.

I had a funny dream today:
I'm going to be shot at sunrise.
So I sit in a concrete basement.
Then this schoolmate of mine shows up;
We used to share the very same desk
And copy assignments from each other.
And we'd go out to fly a kite together
(But it never got off the ground somehow).
So this old friend says: Good evening.
You've had such bad luck. Such a pity.
Execution, you know, is so inhumane.
I've always been in favor of leniency.
But they didn't ask me for my opinion,
Just handed me the gun, said go do your job.
I'm not alone, you know, I've got a family—
A wife and kids—a daughter and a son.
Here—do you want to see the photos?
Do you think the girl looks a bit like me?
You see, I have an old mother, too.
I can't put her health in jeopardy.
We just got a new house not long ago.
The bathroom's got rose-colored tiles.
And the wife wants a washing machine.
I can't, you know . . . and it's no use . . .
We can't change anything anyhow.
My vacation in the Crimea—all expenses paid.
And you'll be, in any case . . . at sunrise.
It would have been someone else, if not me.
A total stranger quite possibly.
But you and I, now—we went to school together,
We used to fly a kite, too. Remember?
You have no idea
How hard it is on me, but what can we do?

Traslated by Pamela White Hadas and Ilya Nykin

12.

Don't seek the help of some guardian.
The world was built with mastery:
The future eludes our forecasting,
Past agony can recede.
At midnight I seek my counterpart
In vacated mirrors at a hairdresser's,
Making the light grow dimmer
In depths of the silvered glass.
Where water and moon share boundaries,
I'll not pause momentarily
But throw back my shoulders, venturing
To run my hand across the void.
I'll change into random brilliancy,
A patch of deceptive glimmering—
As the reflection once picturing
A girl now gone from the bridge.

Translated by Susan Layton

13.

To I. G. *

Why risk freezing your lashes?
Our farewells are deferred for the moment.
Past the many way-stations, these roads will be taking us far,
But accruing allotments of emigré-luck wait their claimant,
As an infant abandoned
On a seat in the third-class car.
   We are leaving, accursèd
   For not gracing their hands with kisses,
   And this ill-humored earth strikes us now as unusually kind.
   Anyhow, we will travel
   These roads to return—but with newly
   Sharpened sight—back to lethal
   Snows of wingèd December skies.
Then the pain
Known to my generation will stand to her debit,
And the wanderers' glory,
The orphaned five-copecks, downcast—
All will enter in red in a reckoning of the redemption
Due for motherly love,
And her sins may cancelled at last.

Translated by Susan Layto

---

* The poet's husband is Igor Gerashenko

14. LENINGRAD TRIPTYCH

I

Raise this city's eyelids? No one could.
The street is aslant, so don't run there!
In a city of the dead—the living must make good.
Do you hear—already—their boots on the stair?

In this lost state—grass won't grow for ages.
In this silence—only a dream shout's felt!
Our breath's a trophy where this winter rages:
On the lips of passersby the snow won't melt.

II

And so,
A black horse is bathing
In a black river.
A diagonal splash!
Officers stand by the water.
And so—it is snowing on white fields
And the taste of freedom melts on our lips.
We move from square to square.
No, don't cry.
Let the queen's crown not be for you.
Don't cry, don't come in dreams.
My square is deadly.
How simple it is to graze the planet's wing:
Not with a stroke of the pen—with just a wave of the
                                                  hand . . .

Don't do it.
Don't look there.
This isn't the first time
We've had such a December—
Mixing bullets and wings.
Do we have to know
Why the river turns black?

To N. L.

III

Why this darkness, Mother of God?
I could light a green icon lamp—
Would you like me to?
Or, no, perhaps that's bad.
You're a little girl at a window, looking through:
Whose steps are heard in Petrograd?
And it still makes a difference for you.

Translated by Pamela White Hadas and Ilya Nykin

15.

My Septembers across the waters,
We will let each other sleep soundly.
City with the low-set street-lanterns,
Impressed on my eyelids, fading to shadow.
You—a cultivator of jesters,
Where the wall of time rises mutely,
You, as ready to roar with laughter
As a person breaks bread at mealtime—
Take my wishes for . . . better weather!
Smile. I check the rate of my breathing.
See how well we mirror each other?
Crying will not spoil this leave-taking.

Translated by Susan Layton

16.

I'm so inept when it comes to a pack!
My grandma could manage.
As though our worldly possessions surpass
Rag-sized dimensions.
Who needs a suitcase?
The notebooks are burnt,
Bread has gone moldly,
But still we execute travellers' rites,
Tying bundles with criss-crossing knots
By our own method.
God bless!—all ready.
Weightless, we leave blades
Of grass unblemished.
We won't return, and we won't upbraid.
Why show our sorrow to people at odds
With an ascension?
From the aridity somebody's slave
Chokes in the background.
Why should we hesitate in the last stage?
We fill a canvas as stylized shapes,
Granted no pathos.

Translated by Susan Layton

17.

My Lord, what can I say that's not been said?
I stand beneath your wind in a burlap hood.
Between your breath and pitch-dark plague-dark cloud—
Oh Lord, my God!

At my interrogation what will I say
If forced to speak, to face the country's way—
Deaf, mute, in the body's rags, bruised nearly dead—
Oh Lord, my God!

How will you dare to judge?
Which law is true?
What will you say when I come, at last burst through—

Stand, my shoulder propped against the glass wall—
And look at you,
And ask nothing at all.

Translated by Pamela White Hadas and Ilya Nykii

18.

We elude the translator's phrasing.
What is verse? The aroma of hazy
Rings exhaled by a cigarette smoker.
But no poisonous fumes will drift over.
Bluish grasses. A thing light and buoyant.
So an odor of something burning
Spells the genuine.
Such a notion is widely accepted.
Before battle begins, an unshredded
Banner waves in the field, still untested.
Then the tattering starts . . . Grant protection,
Lord.
The people behind cannot be faulted,
Having hair with a smoky fragrance.
This is fate with unchanging power:
Just as banners, in Russia poets
Are expected to come under firing.
To win spots on lists which are final.

Translated by Susan Layton

19.

    Flying above us—their banner of blood,
        Dyed by the victims.
    Prophesy wholesale death and doom—
        Who'd lift a finger?
    Should you inquire what awaits when you reach
        One of the turnings?
    Silent, Cassandra will pour the tea,
        Sit at the table,
    Make up the bed, find the tatters to darn,
        Toss them on cushions.
    Silent, she'll rise in the fathomless dawn,
        Bless you with cross-signs.
    You have a flag still unmarked by a shade
        Properly ghoulish.
    Thoroughly suitable—though on the young side!
        Prime for the Gulag.

                              1981

Translated by Susan Layton

20.

The Palace Square parade is met by
Such an unflattering rain!
The placards on the walls get runny
With something sticky imbruing the high
face of Lenin.
The raised flags soar
As criminal runnels descend
Over the slogans,
              the posters,
                            the paper—
Like the smoke of the deadly diamond
Over an executioner's block.
The faces, already eyeless as silhouettes,
Still do to frighten children with that look.
The Palace parade drags past—sluggish puppets
Crashing in step on the asphalt streets.
The Square is obeisant, sick,
Its eyes squeezed tight, no window
Open to the perimeter of black
Blood and red mob—any minute now
The mob—at a word—could close in, turn
Into animals, desert their places . . .
But no—they dare not—a stubborn
Angel sternly lifts up a cross.

Translated by Pamela White Hadas and Ilya Nykin

21.

Why does the snow look blue?
Russia, our blood's on you!
Like a white chasuble on the rabble
And crash—with honor—we fall
On your shame—the palest powder
Well, does it warm you to be a mother?

June 22, 1981

Translated by Pamela White Hadas and Ilya Nykin

22.

What next? A *poltergeist* imprisoned here—
A thoroughly unbelievable figure!
A wily character, a sly intriguer . . . .
How can he camouflage
That monstrous shaggy white
Head? Dive into pillows or under the bed?
Inspectors would find him. Behind the table? But
They'd see him . . . Where on earth? Perhaps in blouses?
But as the women dress, that hellion bursts
Into the daylight and, feeling compelled
To frolic noisily, he lets a blasting
Wind scatter my rough-drafts throughout the cell.
As air released from a hot-water bottle,
He makes a muffled wheezing in the yard,
At night he bangs the soap-dish with a clatter,
On rising, I begin to comb by matted
Hair, and (a gentle hint!) I find a braid.
A scratching sound. The plaster being clawed
Behind the radiator, A mouser
At work? Hunting what? And whose tail is seized
Why overturn the table in removing
A bookmark, which gets shoved under the sheets?
Oh, never mind. The bulbs are blazing every Tuesday,
Inviting all the guards to storm and rage.
Some comprehension dawns upon them tensely:
A *poltergeist?* Now isn't that just great!
What can we nail on him? Is interrogation
Ruled out? What the hell statute can we pick?
We'll find the statute . . . and denunciations,
But which offender will sit in the dock?
When bread is butterless, the side which faces
You when it falls won't matter. But does he
Bear fault for that? The tower bell confuses
Me with the distant sound of fourteen peals.
What hour so bizarrely signals its arrival?
Who rings the bell? And who is being called?

Bah!—you with your cloven feet, son of the devil,
I'll get even! A scrape against the wall
As scoops are lifted on the trucks for garbage.
No terrible racket . . . but then—ker-Bam!
Too loud for a scoop . . . The spirit took umbrage!
A bunch of sassy girls, offending an old man.
However, his disgruntled mood soon passes.
A crafty fox, from ears down to the tail!
His oinks and sniggers now have subsided,
He crawls onto the shelf, obviously tired.
Bedtime in prison. With my hand a visor
I shield my eyes from perpetual light.
Give me the best dream, please. What would I offer?
"What would you take along with you?" he laughs.
Imagining a sky with someone flying—
Flying over a field of St. John's wort,
I hear a voice cry, "Come with me," but crunching
Behind me breaks this reverie at once.
You monstrous little savage, mop-haired beast!
Stop pestering me with your tricks this evening.
Drowsy, I glance at the other bed: leaning
Against the wall, my cell-mate chews her rusk.

October 1982

Translated by Susan Layton

23.

As a domesticated cub, my anguish
Lives in tranquillity, responds to "Shoo!"
She needs so little: some attentive scratching,
A soft "Hang on!" and candy to consume.
Before a stranger she stays unobtrusive,
She does not eye my throat, waiting to pounce,
Insipid rhythms of a watch-hand's music
Work as a charm, to comfort and entrance.
With childlike nudges of her nose, she burrows
Into my lap and drifts into sound sleep,
While the absurdly iron grill at the window
Throws shady patterns on my notebook's sheet.
Only as nighttime lengthens does she scamper,
Restless as mice in straw, and, half-awake,
Ever so quietly she starts to whimper
About the house you'll build for me some day.

October 1982

Translated by Susan Layton

24.

Stars cascade from the zenith, and cold fills the heavens' dominion,
As a crescent moon rises. Hold on, without loosening your grip!
Close your eyes: there in the circumscription of weary vision
Moves a skater, with draftsman's precision inscribing his rings.
Shades of gray disappear in a blurry engraving of winter,
Phrases, stern as a beggar, resound with a verb's hollow roar.
Measured crosswise—four paces, the length takes a fifth to the
                                                                                      window,
Ludicrous blinking comes from the eyeball encased in the door.
Nearby, interrogations drag onward with monotone slyness;
As a soldier parading, the young guard struts, artlessly crass . . .
What tranquillity—wandering through winter landscapes in silence,
Without "No's" single syllable slipping through lips, dry and cracked.
I lose track of the weeks as my clockwork of snow starts failing,
But my eyes have grown dimmer, my forehead increasingly hot.
Through the fever and chills I shall finish this passage to April!
I am walking that road—with my shoulder beneath the Lord's hand.

                              October 1982

Translated by Susan Layton

27.
To my friend Valery Senderov

All over the camps they babbled about him
Bandied his story in sweaty transport cars;
They wrote their mothers about him in letters home,
In the torture holes they raved of him, not getting hoarse.
Nobody knew how much time he'd done,
But they knew this: he shared his tea and ration,
And once gave his coat to a kid at the deportation,
And fed the hungry what he rustled up in the zone.
All they had were shaky facts and rumor salad—
What did he get picked up for? They tried to guess.
It was for love, some said.
Others whispered, agitation, no less.
He could get sausage, replace their poor slop.
Not squeamish—scabs, lice, whatever they had—
He'd treat; he didn't ask women to give up
Their sins. With compassion, he forgave, understood.
He soothed their pain with a touch of his hands
And taught: the cage is for animals,
Not you . . . Yet the faithfulest of his friends
Were ready to rat on him for a package of pills.
With your ignorant souls, he used to say,
There's no point really
In blaming you. His anger was rare.
In the Butyrskaya jail, though, they gossiped plenty
About how he'd mangled a squealer.
Some were released, having paid their debt.
Others waited in vain for amnesty,
But he would never be eligible for that,
Especially dangerous as he was thought to be.
These four fellow inmates, coming home from jail,
Wrote down all the stories about him they knew.
So they were picked up again, each with his file
Re-opened—for this new crime to be added to.
Then they carted him off to some unknown place.
And where is he now?—in exile, in the mines,
Or maybe under a Siberian crust of ice?
You'll have to ask his travelling companions.

March, 1983

Translated by Pamela White Hadas and Ilya Nykin

25.

Bravo! bravo! His Highness the emperor plays with his soldiers.
Nostrils flaring, the horses like dragons expel snorts of steam.
You, the damnable place of my birth, my eternal Decembers—
With your glory of tin—how you make my heart seethe!
On the officers hoarfrost forms in excellent reprisal.
At the interrogation they grovel and cry,
Naming names. You forgive them their double betrayal,
But you torture their women in snows like quick-lime.
What a marvel!—the nihilists topple the *sanctum sanctorum.*
Silver obtained those scoffers at idols of gold. You assured
Voting games at elections in February, with instructions
For the swingers of axes to chop through the thickets of words.
Just the surfaces change, with todays and tomorrows in sequence.
Knives poised close to the throat—then the voices are slowly imbibed.
Glutted majesty heaves himself back from the vampiric supper,
While the Judas trees thrive in the hush of their forested bed.

December 1982

Traslated by Susan Layton

26.

To the world beyond I'm posting
A letter this morning.
And so what—if no responses,
No tidings are summoned?
But thrust in their troughs the pigsnouts
Root (nothing in common
With a tranquil, human visage):
She seems to have courage.
But when she gets *there,* her howling
Will start, and she'll whimper
For some mercy . . . Eyes beclouded,
Transport-guards with pimples.
So the sleaziness surpasses
Fear! Air clings as leeches.
In my childhood mother's parents
(Rest in peace!) neglected
Crying lessons, stressing letters—
Our own, plus the Latin,
Managing to teach how evil and good are distinguished.
By the cross over the bedstead
I remember standing.
In my orphanhood and shedding
Tears—my future's symbol.
Gentlefolk always keep hidden
Grief before the rabble—
Grandpa told me, and my grandma
Bathed me with those herbal
Rinses—so a fresh aroma
Fills K.G.B. chambers,
She protected me with cross-signs,
A kerchief embracing
My small throat—to guard my tonsils
From damp prison basements.
She would come here resolutely,
Haughtily regarding
The menagerie on duty,
And bring me a parcel.

My *Pani,* bright and angelic,
In boots newly mended,
Do you find your walks enjoying
In that fleecy cloudland?
Grandpa, with your solid virtues,
A knight wearing armor,
You said, "Suffer through privati
But don't lose your honor."
See—my memory is certain.
You're pleased I've learned that
Must I shoulder now a burden
Of despair this springtime?
Send your blessing down, my da
Watch with friendly laughter,
As I make my earthly passage—
Not with suites of lackeys,
Not in scrambles for state hon
Or a raven Volga,
But in a Stolypin wagon,
Lying near the ceiling.
In a quilted coat, ill-fitting,
In a crumpled neck-scarf,
Marking my way with light f
Past guns of the escorts.

28.

Lord, how is life for him? Keep a watchful eye,
Lest that bare cubby-hole apartment drive him to madness.
Make his pain a dark secret and lend to his face a light
Meant for two, so the world shall perceive adversity mastered.
With a lifted cup I salute the force of Your will
(See the ease of that gesture—my hands held high without trembling.)
But with Being's radiant armor, protect his soul
From the jeers of the rabble.
Unlike him in obscurity, I have a road so plain,
Polished smooth by the multitudes, memorizing each pebble.
I can manage this task—just watch me! But please keep him safe.
From the nooks of insane asylums with spider webbing.
Do not dispossess him, depriving him of Your strength,
Do not let Your hand fall carelessly from his shoulder.
From eternity's alloy of spirit and truth
Let him fashion a chain and manacles for our sorrow.
When we stand in Your presence in the next life,
Asking nothing—except a companionship past all fractures,
Past the power of angelic trumpets or rending knives,
We will look at You, ready to give You our answers.

April 1983

Translated by Susan Layton

29.

Now that traitor and master criminal,
That arch-adversary of truth,
That large mote in the eye of authority—
What a joke!—she's cutting a tooth!
As a chick emergent, it rattles,
Without wanting to know the rules.
Barring windows can't solve this matter,
Spring arrives, and everything blooms!
Pending confirmation, my sentence
Heads a list in the Supreme Court.
I should whine for them to be lenient,
But a plot has hatched in my mouth!
Morning presses into the prison,
And a starling squawks in my brain.
What a useless version of wisdom,
Orthodonical in its claim!
What's the answer? A search is coming,
The inspectors will raise a howl,
And for failing to check us closely,
Unobservant guards will catch hell.
Regulations define this strictly:
Pointed objects are not allowed.
It just *grew?!* What a likely story!
Are provisions for this in the Code?
Look, you smart aleck, quit the capers!
That's the reason we've got you here.
See the toothless gums of your neighbors?
But you let new molars appear!
Did a parcel provide concealment?
Does this show a faker's finesse,
Hiding television receivers
Bought with funds from the NTS?!*
Then the document travel upward,
And the chief of the jailers sighs,

---

* NTS are the initials of the emigre organisation Narodno-Trudovoi Soiuz.

"I'd ship her to the camps this second!"
Hold your fire—I've got one more night.
For our poets who grow demented
We have instituted the High Court.
By its verdict I'll make my departure.
Maybe small wings will start to sprout.

April 1983

Translated by Susan Layton

30.

Over Russia's wheatfields once, a pre-war wind unfurled,
And a funny high school kid, in love with all the world,
Hunched over Magellanic maps, burning candles down
And meanwhile growing up. All according to plan,
Wasn't it, Lord? Under the freezing sky
All lands, the real and unreal, were ecstasy
To him—Sorrento's orange groves—softly said and novel
Words on his lips, in his ear—clouded his soul.
"Barbarians stormed the vale"—he'd say it in Latin as if
Longing for that vale in his heart, his heart its captive.
And as the town of Izum lay under blankets
Of snow, he'd read how slavegirls stomped grapes in vats,
Dancing in their task to the laughter of their copper
Bracelets, and his throat went as dry as last summer.
An ancestor in buckskin smiled down from the wall,
Lots dimmer with age, yet somehow infinitely youthful.
December, glass-bound as the dining room clock
Stood waiting, gave him no word, just a look.
Then Spring—a little slattern, her stockings wet,
Came laughing, yanked him around, this way and that,
Kissed the dimple at his temple, teased till he grew
Mute. All classes in somersaults, all laws askew.
He'd run down to see the ice-flows as April blew
Clouds like soapbubbles through the end of a straw.
Marcus Aurelius lay open with ancient repose,
To a wrong page. Street vendors hawked apples. Birds froze
Way above church bells in the blue-eyed abyss.
Already his words were too few, for that sadness.
The motherland put out a hand to touch his hair. . . .
He's reached the right age to enlist, and that is where
It all began; he died as he dreamed, in battle
Defending the flag. Why this? Why us? Can you tell
Us, God? It's impossible.

Translated by Pamela White Hadas and Ilya Nykin

31.

And we remain—
In place on dreadful chessboard squares—
All of us prisoners.
Our coffee
Smells like burned letters
And post offices
Smell like opened letters.
City blocks are deaf—
And there's no one there to shout:
"Don't!" And the chiseled faces
On facades have their eyes shut.
And every night
Birds are flying away from the city,
And blindly
Our dawns drench with light.
Wait!
Is it just a dream? Could it be?
But in the morning
Newspapers hit the street.

Translated by Pamela White Hadas and Ilya Nykin

32.

With what power and tenderness
Time grips us by the shoulders
And freedom tears the mouth to tatters—
The plain, and the spurs—
We're off like a shot—
What a life, what happiness!
What a brilliant fate—
The inspired liar will write
With his non-historical bias.
So even seven-year-old boys
Will weep over our "once-upon-a-time,"
Ready to pay the same price
For hopes that are the same—
Just anyone, from any parts . . .
A house of hobbles, a path of hearts.

Translated by Pamela White Hadas and Ilya Nykin

33.

Where instead of air—a busload of profanity,
Instead of a housewarming, a barracks' snoring . . .
O, Motherland, why did you rouse me
So early, a child half sleeping,
Up from my bed?
Is a Tartars' attack impending?
But no—not a peep!
Only the dark and the creepy-crawly,
And a ghost of Russia.
And the geese have gone on the wing.

Translated by Pamela White Hadas and Ilya Nykin

INTRODUCTION

Qui est Irina Ratouchinskaya? On ne saurait d'elle que quelques brefs communiqués biographiques si elle ne se livrait elle-même avec tant de franchise et de témérité dans ses écrits.

Née en 1954, elle termine ses études de philologie à l'Université d'Odessa et enseigne un certain temps à l'Institut Pédagogique de cette ville. En 1981, elle demande l'autorisation d'émigrer avec son mari ukrainien, Igor Guerachenko. On sait que seuls les Juifs, les arriérés et les vieillards à la retraite ont ce droit—bon débarras! Aussi, le KGB a désormais l'oeil sur cette jeune Russe effrontée. Le 10 décembre 1981, lors de la manifestation traditionnelle des dissidents sur la Place Pouchkine, elle est arrêtée et passe dix jours dans la prison de Boutyrki. Elle en décrit «les charmes discrets» et cet essai est publié dans le Bulletin —clandestin— SMOT, repris par Les Cahiers du Samizdat belge et suivi d'autres chroniques concernant les événements en Pologne. «Grani» et «Possev» de Francfort (et, plus tard, «La Pensée Russe» de Paris publient de ses poèmes ainsi que deux remarquables récits philosophiques en prose.*

C'en est trop et le 14 septembre 1982 elle est arrêtée, jugée et accusée d'agitation antisoviétique et de «préparation et diffusion de ses poèmes». Crime impardonnable qui lui mérite l'article 70 et la peine maximale: sept ans de camps et cinq ans d'exil...

Loin de s'effondrer, Irina, prête à tous les sacrifices, continue d'écrire, de narguer ses geôliers du haut de sa jeunesse, de sa pureté innée, de son esprit frondeur. Et que l'on ne s'y trompe pas! Il ne s'agit pas en sa personne d'une anomalie, d'une protubérance poussée sur le corps sexagenaire de l'Union Soviétique. Le chantre bien connu, Boulat Okoudjava, a, parmi les premiers, ouvert la soupape aux remous obscurs qui agitent la jeune génération russe gavée de culture, sinon de biens terrestres. Cette nostalgie pour le passé de la Russie, non déguisé par «la passion antihistorique» des écrivains officiels, se fait jour dans la chanson, le roman et, bien entendu, les poèmes. C'est ainsi que l'on y voit soudain surgir des cavalcades de chevaliers,

---

* in «Grani» No 126, Oct-Déc. 1982

des officiers nobles, des insurgés, tels les décembristes, dont trente-six furent fusillés en décembre 1825.

Décembre, avec ses neiges vives, folles, remplies du duvet des archanges, revient fréquemment dans les poèmes d'Irina. Et l'on ne sait jamais exactement qui tombe, les révoltés de Nikolas Ier, les victimes de la terreur révolutionnaire ou celles d'aujourd'hui...

Si, dans sa poésie moderne, mais respectueuse malgré tout de certaines règles de la prosodie russe classique, passent fréquemment l'ironie et l'humour, on y remarque une absence totale de l'art pour l'art, de réalisme-social, de concessions au goût du jour. Peu de couleurs: le blanc pour la neige et la pureté, le noir pour la mort, le bleu ou le rouge pour le sang. Et partout passe un frémissement mystérieux. Au sordide quotidien des geôles, le poète oppose la présence des anges, des diablotins parfois et un constant, bien que discret dialogue avec Dieu. Et ce n'est pas pour rien qu'elle traite sa Russie bien-aimée de marâtre. Elle sait l'avenir qui l'attend et quel sort est généralement réservé aux poètes sur cette terre aux décembres ailés. Elle connaît aussi la valeur du rachat et cette réalité tragique que le monde occidental trop souvent ignore: il s'agit finalement des mêmes Russes au-deçà et au-delà des barbelés...

Meery Devergnas

1.*

Ah, quel printemps c'était!
Tout l'avril — sous le signe de la gare.
Comme il tremblait criminellement —
Leurre tout de travers lancé!

Défonçant, de part en part, — par la lune
La traversée en bois,
Il marchait sur d'insomniaques pavés —
Et dédoublait mon ombre derrière moi.

Comme il m'étouffait dans ses bras, l'animal,
Comme il me soignait — ne meurs pas!
Plus de Russie — d'ouragans — de Pestel —
Ta terre promise, la voilà!

Reconnais-tu cet agaçant feuillet,
De la musique ancienne la ronde pâle,
Le rire salé et la clarté de paille —
On ne peut disjoindre les mains damnées!

Comme arrivaient par flux les trilles des oiseaux,
Comme le reflux nous chagrinait —
A quel point nous étions heureux
Deux semaines avant «à tout jamais»!

Avec quelle gravité nous lisions le récit
Ayant pour épilogue une douce fumée...
Il est parti, ce train printanier.
Il est parti vivant, Dieu merci!

---

* All French translations by Meery Devergnas

2

Pourquoi
La moitié des évasions — en rêve?
(Oh, n'aie pas peur — on ne rattrape pas!)
L'obscurité s'est desséchée. Vivre jusque là!
Mais demain, en plein jour —
C'est l'autre moitié.

Des vivants, qui de leurs doigts froids dirigent le destin,
Des miroirs piégés,
Qui, pareils aux huitres, entrouvrent
Leurs battants avares — fuis!

Ne t'attriste pas, sur ce qui reste là-bas — derrière toi.
Derrière toi il n'y a rien.
Les voilà déjà qui se déchaînent, en meute!

Sur le désert d'asphalte,
Sur le dur —
Laissant
Une trace chaude,
Nous égarant,
Ne sachant demander protection —
Nous partons, nous courons hors d'haleine...
Sans Moïse
Devant nous.

3.

Nos temps ne sont pas accomplis,
Nos âmes non éprouvées.
Et lorsque s'envolent les oiseaux
Nous n'avons pas honte de nos chants.
Nous errons à travers la ville démente
Dans nos laids vêtements du siècle,
Et nos minuscules chagrins
Se tordent leurs petites pattes sèches.
Témoins inoffensifs —
Nous ne méritons pas une balle dans le dos.
Nous partons, sans bruit, nous-mêmes,
Eteignant les bougies derrière nous.

Comme nous aimons deviner ce qu'il adviendra
Après nos départs muets!

Les nuits, peut-être, seront autres —
Et personne ne remarquera le vent?
L'été, peut-être, sera plus froid —
Et l'on oubliera nos poètes?
Et nos larmes ne se réaliseront pas,
Et se disperseront nos visages,
Et l'on ne se souviendra plus de nos lèvres,
Si malhabiles au baiser!

Enfants ratés du siècle,
Nous partons — avec un souhait —
Que quelqu'un brûle nos lettres
Par pitié, sans les lire.

Avec quel soin nous soufflons les bougies —
Pour ne pas tacher la nappe de cire!

4.

Qui peut comprendre la séparation
Dans les gares — le divorce des berges?
Pourquoi la nuit, qui peut le savoir,
Se pose le silence du désespoir
Sur la garde blanche des neiges?
Pourquoi ce nom — l'amour?
Mieux eût valu pas de nom du tout.

5.

Dans quel silence tournoie et fuit sans fin
Cette chute de neige folle!
On dirait que se disputent les chérubins —
Tant de plumes du ciel s'envolent!
On dirait que des chevaux blancs, écumant —
Le cortège du roi des neiges —
Se sont figés au vol, en folâtrant,
Que la terre vers le haut se désagrège.

Il suffira d'un mot à dire —
Pour que, le souffle coupé,
Vertigineusement, en délire,
On se sente soulevé, emporté.

Et les vents sous les pieds onduleront
Si rudes, qu'à l'instant même
Les ruelles pavées et les ponts
Disparaîtront penchés et blêmes.

Et, craignant de perdre de vue
Votre si terrifiant envol,
La cariatide de sa blanche main menue
Vous fera signe de l'entre-sol
Allons, prenez-la avec vous
Dans ces diaboliques neiges
Dans tout ce violent azur
Des rivages pris au piège!

Perdez-vous dans l'immense zénith,
Sans vous retourner!
Quoi, vous hésitez? Allez-y vite!
Regardez —
Votre chute de neige finit.

6.

La radio bafouille, clapote de ses ondes courtes.
On n'entend rien —
Le verdict, mais à qui? et combien?
Entre nous — la fragile dureté d'une table de verre
Et l'ange ébouriffé qui se languit dans la fumée.

Qui saura-t-il garder —
Cet oisillon irréfléchi —
Gauchement emplumé,
Aux yeux sombres d'autres pays,
D'autres moeurs, ignorant les larmes et la peur —
Rien n'indique à qui est cet enfant sans abri,
A qui ce savoyard!

Sur quelle épaule se posera-t-il —
Entre la porte et les chaînes?
Avec qui va-t-il partager l'asphyxie
Et dans la file muette
Echanger portion contre ration —
Chiffon contre haillon —
Et la reprise ajourée des clôtures contre des croisillons?

Et pourquoi s'est-il fourvoyé dans ce cauchemar,
Où les neiges n'ont pas de réponse,
Où de la naissance à la mort on choisit l'une ou l'autre?
Il ne sait pas —
S'abritant les yeux de la lumière de sa menotte,
Il dort...
Il est habitué à l'inconfort.
Inutile de régler le son...

7.

Je parlerai dans mes écrits
De tous les affligés,
Restés aux rives.
Oui, j'écrirai
Puis brûlerai.
Oh, comme se cabreront les lignes,
Pareilles aux feuilles renversées
Sous le souffle cruel
D'un irréparable vide!
De quel mouvement superbe
Le feu me devancera!
Et tressaillera l'écume des cendres.
Mais sans rien engendrer.

8.

> A mon arrière grand-père illégitime
> Lieutenant-colonel de la guerre civile

A deux verstes* de la rivière Dvina —
Avec une balle dans la gorge —
Dans le dernier tourment —
Au milieu de ta guerre
Tu as, pour l'éternité, écarté les bras.
    Et sur la chemise blanche — du sang
    Bleu pâle.
    Et ta bouche jusqu'au sang est mordue.
    Et des fourmis en désarroi —
    Les âmes simples —
    Font des rondes.
Au lieu des jours d'été à venir,
Au lieu d'une amère gloire posthume —
Dans les profondeurs inversées
Les herbes
Se lamentent sur toi.
    Ton orage
    A cessé.
    Pour nous — c'est l'infâmie des parades étrangères.
    Mais tes yeux —
    Comme malédiction
    Et récompense —
    Me sont donnés.

---

* Verste = 1067 m.

9. LA BALLADE DU MUR

Qui, nous serons récompensés au maximum!
Ensemble nous avons chanté —
Nous serons séparés,
Chevaliers décorés des mêmes ordres —
La poitrine de part en part!
C'est vite fait.
Déjà dans le viseur
Bouche blanche et courbe des sourcils.
Oui, nous serons récompensés!
Et il n'existe pas de lit
Plus vertical ni plus blanc.
Des cauchemars du cri nocturne
On s'avance pour couper le chemin,
O mon appartenance à ceux
Qui n'ont pu achever leurs chants
Vers les cieux!
Arrivés.
Et sur le ciment carbonisé,
Où l'on appuie, jusqu'à broyer, les omoplates,
A deux derniers pas je vois —
L'empreinte
D'une paire d'ailes.

10.

O ma patrie haïe!
Rien de plus honteux que tes nuits.
Comme tu as réussi
Avec tes faibles d'esprit,
Tes bourreaux, tes manants!
Comme tu savais procréer tes fidèles sujets,
Avec quel zèle tu détruisais
Tous les non-vendus
      et les non-achetés,
Condamnés à t'aimer!
Tes peureux sont innocents,
Alors pourquoi tes rossignols se taisent-ils?
Pourquoi sur les croix profanées
Se figent
   tes larmes?
Oh, je vois en songe tes crucifiés!
Je connaîtrai, avant longtemps, le même sort
Pour toi —
   chère,
      maudite —
Condamnée à la même mort!
Par la plus effroyable voie —
Aux confins de la haine
       et de l'amour —
Déshonorée, misérable,
Mère-et-marâtre,
     bénis-moi!

11.

Cette nuit j'ai fait un rêve étrange:
On doit me fusiller à l'aube.
Je suis dans une cave en béton,
Mais de la cave, l'aube on ne la voit pas.
Et voilà qu'apparaît mon camarade de classe,
Nous étions assis au même pupitre,
Nous copions nos problèmes l'un sur l'autre
Et lancions le cerf volant
(Qui ne voulait jamais, il est vrai, s'envoler).
Mon camarade de classe me dit: Bonsoir.
Tu n'as pas de chance. Cela fait pitié.
Etre fusillé — c'est si inhumain.
J'ai toujours été pour les mesures douces.
Mais, je ne sais pourquoi, on ne m'a pas demandé mon avis,
Tout d'un coup on m'a donné un pistolet et on m'a envoyé.
Je ne suis pas seul, j'ai de la famille,
Une femme, des enfants — un fils et une fille.
Je peux te montrer les photos, regarde!
Tu comprends, j'ai une vieille maman.
Je n'ai pas le droit de risquer sa santé.
Nous avons, récemment, reçu un logement,
Avec salle de bains — parois de faïence rose.
Et ma femme veut une machine à laver.
Je ne puis tout de même pas... Et c'est inutile...
De toute façon, nous ne changerions rien
Puis, j'ai une feuille de route pour la Crimée, la maison de
                                                                          repos.
Et toi, de toute façon, tu seras... à l'aube.
Si ce n'était pas moi, on en aurait envoyé un autre,
Peut-être un inconnu.
Mais nous, nous avons étudié ensemble
Et lancions le cerf volant.
Non, tu ne peux pas t'imaginer
Comme cela m'est dur, mais que faire?

12.

Il ne faut pas demander d'aide.
Ce monde est fait
                  de main de maître.
Quel sera l'avenir — pourquoi anticiper?
L'amertume est déjà passée.
J'irai me refléter à minuit
Dans les miroirs vides
                        des salons de coiffure
Et maintes fois m'éteindre
De l'autre côté de la vitre.
Aux confins de l'eau
                    et de la lune
Je ne retiendrai pas l'instant,
J'irai, tête renversée,
Glissant avec ma paume
                        dans le vide.
Je serai une lueur fortuite
Apparue par illusion d'optique —
Comme le reflet d'une petite fille
Qui n'est pas sur le pont.

13.

I. G.

Pourquoi se glacent nos cils —
Les adieux ne sont pas pour aujourd'hui,
Par les chemins d'ici, plus d'un parcours nous reste encore—
Mais déjà on nous a mesuré notre bonheur d'émigrant —
Enfant trouvé des gares,
Abandonné dans un wagon commun.
    Nous emportons la malédiction —
    Faute d'avoir su baiser des mains.
    Cette terre mauvaise ne sera pour nous jamais meilleure
    Qu'importe, nous reviendrons —
    Mais avec d'autres yeux —
    Dans la mortelle tendresse
    De ses décembres ailés.
Et alors,
Que la douleur de ma génération lui soit comptée,
Et la fierté de ses errances,
Et son triste kopek orphelin —
En expiation de ses vertus maternelles —
Que tout inégralement lui soit compté.
Quant à ses péchés, ils lui seront remis de toute façon.

14. LE TRIPTIQUE DE LENINGRAD

I

Nul ne lève les paupières de cette ville.
Ne t'enfuis surtout pas — la rue est chargée!
Dans la ville des morts — c'est au vivant de rendre des comptes
Tu entends — leurs bottes — dans la cage de l'escalier?

Dans cet oubli — l'herbe ne poussera durant les siècles,
Dans ce silence — on ne crie que dans le rêve!
Notre souffle — le trophée de l'hiver d'ici
Et sur les lèvres des passants la neige ne fond jamais.

II

Ainsi,
Baignade du cheval Noir
Dans la rivière Noire.*
Rejaillissement de la diagonale!
Et tous les officiers debout au bord de l'eau.
Ainsi — les neiges par dessus les plaines blanches,
Et fond aux lèvres le goût de liberté.
Notre trajet — de cage en cage.
Non, ne pleure pas.
Que la couronne d'une reine soit sur toi.
Ne pleure pas et ne viens pas en rêve.
Mon carré est mortel.
Comme c'est facile — détruire ma destinée:
Non pas d'un paragraphe — d'un geste de la main — un seul...
Il ne faut pas.
Ne regarde pas là-bas.
Un tel décembre
N'est pas le tout premier sur les champs blancs.
Mélange des ailes et de balles.
Pourquoi chercher à savoir,
Quand la rivière devient noire?

---

* N. d. T. Rivière Noire — rivière aux environs de Leningrad. Sur ses berges avaient lieu jadis les duels et, peut-être, les exécutions.

N. L.

III

Mère de Dieu, pourquoi fait-il si nuit?
J'allumerai, si tu veux,
La veilleuse verte.
Non, après tout, il ne faut pas.
Tu regardes, comme une petite fille, par la fenêtre:
Quels pas résonnent dans Petrograd?
Et tout n'est pas encore pour toi indifférent.

15.

O mes septembres d'outre mer
Nous n'allons pas l'un à l'autre rêver.
Ville aux lanternes basses,
Accrochant les cils,
Toi, élevant tes Paillasses,
Là-bas, où le temps — n'est qu'une paroi muette,
Toi, sachant rire,
Comme d'autres rompent leur pain —
Je te souhaite — du beau temps!
Souris, Je retiendrai mon souffle.
Regarde —je suis de ta race.
Je ne gâche pas les adieux par mes pleurs.

16.

Oh, j'ai désappris à nouer un baluchon!
Mais grand-mère savait.
Est-ce si dur d'emballer notre bien
Dans un chiffon blanc?
Quoi prendre avec nous? —
Les cahiers brûleront,
Le pain sera rassis.
Qu'importe, accomplissons le rite des adieux —
Croisons serré le mouchoir assigné,
Chacune comme elle sait,
En mains — et à Dieu!
Nous ne plierons pas l'herbe sous nos pas —
Nous pesons si peu.
Nous ne nous retournerons et n'accuserons pas,
Pourquoi étaler devant lui la douleur —
Lui, le sans-grade?
Après, il s'étouffera dans la tiède moiteur
Captif de quelqu'un...
Pourquoi hésiter sur le dernier trait?
Comme nous sommes naturelles sur ce portrait!
Cela ne fait même pas mal.

17.

Seigneur, que Te dirais-je qui déjà n'a pas été dit?
Me voilà sous Ton vent, en vêtements non blanchis —
Entre Ton souffle et les ténèbres pestilentielles —
Mon Seigneur!

Que Te dirais-je quand Tu m'interrogeras,
S'il m'est ordonné
De ne rien taire,
Mais de tourner mon visage vers mon pays —
Sourd-muet, en loques de séparation et jeux mortels? —
Mon Seigneur!

Comment oseras Tu juger, selon quel tribunal?
Que répondras-Tu quand je traverserai et viendrai —
Et, me tenant debout, l'épaule appuyée à la paroi de verre —
Te contemplerai,
Sans rien Te demander.

18.

Nous sommes verbalement intraduisibles
C'est quoi les poèmes? — une odeur de fumée
Non pour celui qui fume, mais — qui est à côté.
Arôme, ayant cessé d'être nuisible.
Herbe bleue. Affaire de peu de poids.
Mais, quand ça sent le brûlé —
C'est la loi.
Et tout le monde le sait.
Un étendard intact
N'existe qu'avant la première bataille.
Plus haut! Le voilà déjà en lambeaux... Avec toi
Dieu,
Et ceux qui sont derrière toi — sains et saufs,
Seuls les cheveux sentent le roussi.
C'est simple, il n'existe pas d'autre sort.
De génération en génération, les poètes en Russie
Sont criblés de balles, comme les étendards.
Et ce n'est que plus tard — qu'on fait l'appel.

1982

19.

Le voilà sur nous leur voile du sacrifice,
Barbouillé de sang.
Sors, prophétise la peste et la famine —
Nul ne sourcillera...
Faut-il se demander ce qui t'attend
Au tournant?
Cassandre, en silence, versera le thé,
S'asseoira en face.
En silence fera le lit, reprisera les guenilles,
Les jettera sur le fauteuil.
En silence te fera lever dans l'insondable matin
Et fera sur toi le signe de la croix.
Il n'existe pas encore de teinte
Pour ton drapeau de défunt.
Tu es si jeune, mais cela ne fait rien!
Bien bon pour le GOUL'ag.

1981

20.

Quelle malchance pour la parade:
Sur la Place du Palais — il pleut!
Les pavois coulent sur les façades,
Où surnage, tout visqueux,
Le grand chef des prolétaires,
Et se mouillent les drapeaux,
Des traces criminelles traînent —
Sur les papiers, les placards, les oripeaux —
Comme la fumée rampant sur le billot.
Les silhouettes n'ont déjà plus de regards
Mais peuvent encore effrayer les mioches,
En rangs cadencés la parade démarre
Et, frappant le pavé mouillé, s'approche.
Mais la place est malade et docile,
Ses yeux sont clos — pas une fenêtre!
Coulée de sang noir — la plèbe rouge de la ville
L'enserre à chaque périmètre.
S'ils se rejoignaient — un seul mot peut le faire —
Si devenant féroces, ils s'élançaient tous à la fois...
Mais ils n'osent pas — l'ange sévère
Dresse si obstinément la croix.

1981

21.

Pourquoi les neiges sont-elles bleutées?
Notre sang est sur toi, Russie!
En chasuble blanche — contre racaille et saleté,
Avec notre honneur — contre ton infâmie
Nous tombons — éminente poussière.
Dis, te sens-tu bien dans ta peau de mère?

1981

22.

Cela ne se peut pas! Un domovoï * de prison —
Un personnage tout à fait irréel!
En voilà des frasques. Quel naturel malicieux...
Mais où se cache-t-il?
Avec sa grosse tête,
Ebouriffé, grisonnant... Dans l'oreiller? Sous le lit?
On le trouvera lors des fouilles. Derrière la table de nuit?
On le trouvera encore... Où alors? Se glisse-t-il sous une robe?
Mais la robe, le matin, il faut bien l'enfiler...
Il s'est bien installé, l'animal! Fait du bruit,
S'ébat. Ouvre parfois le vasistas
Et souffle tant que mon brouillon s'envole,
Ou bien sous la fenêtre doucement gémit,
Comme lorsqu'on souffle dans un flacon vide,
Ou la nuit, sur l'étagère, fracasse la boîte à savon,
Ou encore, le matin, en peignant ma tignasse
J'y découvre une nattiche. Quelle charmante allusion!
Et, minuscule, râcle une griffe —
Est-ce derrière le radiateur? Le jeu du chat perché!
Qui faut-il attraper? Et sur quelle queue marcher?
Pourquoi retirer le signet de mon livre
Et, le roulant en tube, le fourrer dans mon lit?
Bon, ça va. L'ampoule s'use chaque semaine —
Le mardi. Et le surveillant devient fou, se démène,
S'efforce de saisir: mais de quoi s'agit-il?
Quelle drôle d'affaire! Un domovoï!
Que peut-on lui «coller»? Comment l'interroger?
Et quel diable d'article lui choisir?
Un article, passe encore, plus — quelques délations...
Mais qui asseoir au banc des accusés?
Admettons, les tartines sont toutes sans beurre
Et donc, ne tombent pas. Et lui
N'y est pour rien. Mais je n'ai pas tiré au clair:
Lorsqu'à la tour lointaine sonne l'heure,

---

* Domovoï — Un des dieux lares du folklore russe; diablotin, esprit du foyer.

Quatorze coups — quelle heure est-il?
Et qui frappe là-bas? Ou peut-être sur qui?
Oh, sexdigitaire, méchante race!
Je t'attends au tournant! Mais voilà
Que la pelle à poussière — descend, doucement
Du mur... et patatras! Quel bruit pour une pelle!
Vexé? Aussi ces sortes d'effrontées
N'ont qu'à ne pas froisser un vieux à tête blanche!
Mais en fait, il ne sait pas longtemps bouder!
Rusé, de ses oreilles jusqu'au bout de sa queue —
Il ricane, glousse —et grimpe sur une planche.
Tout s'est calmé, là-bas. Sans doute était-il las.
C'est l'heure de dormir. De protéger de la lumière
Ses yeux avec ses paumes. Et je commande
Le plus beau rêve. Que te donner pour cela?
— Que pourrais-tu donner? — Il rit,
Et voici que je vois un champ de millepertuis,
Et quelqu'un, là-bas, qui le survole, qui vole...
Et qui me crie: Je te prends avec moi!
Mais dans mon dos, soudain, un de ces craquements!
Eh, toi, l'ébouriffé, le petit sauvage!
Arrête de folâtrer, assez pour aufourd'hui!
Je regarde, à moitié endormie... Allongée sur son lit
Ma compagne de cellule mange un biscuit.

Octobre 1982

23.

Mon spleen — petite bête familière.
Elle est douce et connaît le mot «oust».
Il lui en faut si peu: gratter derrière l'oreille,
Faire manger un bonbon et murmurer «tiens bon».
Elle ne me saute pas à la gorge,
Ne m'importune jamais devant les étrangers,
Le petit refrain d'une aiguille des secondes
La console et peut l'ensorceler.
Elle sait grimper sur mes genoux,
Enfouir son nez comme un enfant, dormir.
Pendant qu'un insensé croisillon de fer
Projette son ombre sur mon cahier.
La nuit seulement, comme une souris dans la paille,
Elle s'agitera et dans un demi-sommeil
Geindra doucement après la maison tiède
Celle que tu vas encore me bâtir.

Octobre 1982

24.

Les étoiles tombent dru et ce froid dans les célestes cités!
Cette lune qui nage à la brasse — tiens bon, ne lâche pas!
Lex yeux à peine clos — au-delà du regard éreinté,
Un patineur trace des ronds réguliers au compas.
L'hiver sans nuances, noir et blanc, ressemble à une gravure,
Et grondent les verbes dans la phrase indigente et sévère.
Cinq pas vers la fenêtre, quatre du mur au mur
Où cille, absurde, dans le judas, un oeil cerclé de fer.
La ruse monotone des questions loin de moi se traîne,
Le jeune soldat de garde est naïvement brutal...
O quelle paix —traverser l'hiver en silence sans même
Que s'échappe un «non» des lèvres gercées et crevassées de gel!
Le balancier de neige s'est affacé: c'est combien de semaines?
Seuls les yeux sur la page s'embuent et le front est en feu.
Dans le frisson, la fièvre, j'arriverai, j'arriverai à l'avril quand-même!
Je suis déjà en route, avec sur mon épaule, la main de Dieu.

               Octobre 1982

25.

Sire-empereur joue aux petits soldats — bravo!
Aux naseaux des chevaux-dragons oscille la vapeur...
Comme ta gloire de plomb bouillonne dans mon coeur,
Patrie damnée de mes sempiternels décembres!
Messieurs les officiers se givrent en disgrâce — parfait!
Mais ils sangloteront à l'instruction, se jetteront aux pieds,
Ils donneront des noms... Tu leur pardonneras leur double trahison,
Mais tu feras périr leurs femmes dans tes neiges vives.
Messieurs les nihilistes détruisent le sacré... c'est bien!
Ils n'ont que faire des idoles d'or — ils prendront par l'argent.
Tu leur donneras en février le jeu de l'urne électorale
Et pour ce faire leur apprendras à tailler à la hache les mots.
Aujourd'hui et demain — c'est pareil, changeant de travesti, —
Pourvu qu'on soit plus près de la gorge! — et boire lentement les
                                                                          voix,
Pour s'écarter ensuite dans sa majesté de vampire
Et en silence dans les forêts cultiver l'arbre de Judas.

                                                      Décembre 1982

26.

J'écrirai une lettre aujourd'hui
Dans l'au-delà. Eh, quoi —
Si d'ici pas une seule ligne
Pas un signe? Et les gueules
Geôlières — inhumaines
Et non pas des faces claires —
Se fourrent dans le guichet:
Eh, dis-donc, elle n'a pas peur?
Peut-être va-t-elle pleurer,
Et, qui sait, quémander
La pitié? le judas est aveugle,
Le gardien bourgeonnant.
Je n'ai pas peur, mais quelle saleté!
L'air à la peau se colle.
Grand-père et grand-mère jadis —
Que Dieu ait leur âme —
Ne m'avaient pas appris
A pleurer — mais les lettres de l'alphabet
Les latines et les nôtres...
Ils ont seulement eu le temps
De m'apprendre à distinguer le bien du mal —
Oh, comme au pied du lit
Surmonté d'un crucifix
J'ai d'avance à satiété pour des années
Ma peine d'orpheline pleuré...
Grand-père, ce n'est pas l'affaire
Des nobles de pleurer devant la glèbe
N'est-ce pas vrai? Grand-mère me lavait
Dans un bain de livèche
Pour que dans les cellules du KGB
Ma peau reste bien fraiche,
Chuchotait, me signait,
D'un foulard me couvrait,
Pour que ma gorge ne prenne froid
Dans les caves des prisons.
Et maintenant tu m'aurais apporté
Un paquet, et fièrement

Aurais regardé — sans pleurs
Leurs gueules de serviteurs!
O ma pani* sérénissime
En bottes réparées!
Sont-ils bien sous tes pas
Les nuages moutonnants?
Grand-père, premier d'entre les chevaliers,
Un bouclier de cristal!
T'en souviens-tu: «Se ruiner trois fois
Pourvu que reste l'honneur!»
Tu vois, je l'ai appris bien fort,
Serait—il content de moi?
Est-ce à moi de jeter au printemps
Sur mes épaules le chagrin?
Souriez-moi, mes bien-aimés,
Et bénissez-moi
Pour mes chemins d'ici bas —
Non pas dans la suite des manants,
Non pas dans le pugilat
Pour la «Volga» noire ou l'avancement,
Mais dans un wagon stolypine**
Sur le plus haut des rayons,
Et pour ma veste dépareillée,
Pour mon foulard froissé,
Pour ma démarche légère
Entre deux atutomates.

4 mars 1983

---

* pani — dame, en polonais.
** stolypine — wagon spécial pour le transport des prisonniers.

27.

Dédié à mon ami Valéry Senderov.

On discutait à son sujet dans tous les camps,
On en parlait, suant, dans les wagons spéciaux,
Et dans les lettres qu'on écrivait aux mères,
Et en délire, gorge enrouée, dans les cachots.
Bouclé, mais depuis quand — nul ne s'en souvenait,
Mais on savait: il partageait ration et boisson,
Il a donné à un gamin son manteau, à l'étape,
Et nourrissait au comptoir les affamés du camp.
Et, mêlant les on-dit et les faits indistincts,
On supputait: comment il atterrit parmi les condamnés?
Les uns disaient que c'était par amour,
D'autres chuchotaient, non, pour sa propagande.
Mais lui, il transformait leurs parts en saucisson,
Et soignait sans dégoût de la gale ou des poux.
Et il plaignait les femmes, les comprenait, leur pardonnait.
Sans même exiger qu'elles ne succombent plus.
Il ôtait la douleur en imposant ses mains,
Il enseignait: vous n'êtes pas des fauves, quittez les cages...
Mais ses disciples les plus fidèles
L'auraient vendu pour quelques comprimés.
Mais lui disait: vos âmes sont dans les ténèbres,
En fait, que peut-on exiger de vous?
Et il se mettait rarement en colère.
On racontait pourtant qu'une fois, aux Boutyrki,*
Il aurait de ses mains mutilé un mouchard.
Les uns partaient, ayant fini leur temps,
Les autres, en vain, attendaient l'amnistie,
Sur laquelle, pour sa part, il ne pouvait compter,
Etant noté comme spécialement dangereux.
Mais quatre zeks, une fois rentrés chez eux,
Ayant dans un cahier relaté tous ces faits,
Furent cueillis aussitôt et leurs écrits allèrent

---

* Boutyrki — prison célèbre de Moscou.

Epaissir leurs dossiers de nouvelles affaires.
Et lui, on le prit — destination inconnue.
Où est-il maintenant, en exil, dans les mines?
Peut-être sous l'écorce des glaces sibériennes —
Demandez-le à ses compagnons de l'étape.

Mars, 1983

28.

Seigneur, comment va-t-il là-bas? Veille sur lui.
Qu'il ne perde pas la raison dans l'abri vide du logis,
Fais honte à sa douleur, garde-le du désespoir —
Afin qu'avec un visage éclairé — pour deux — il se tienne dans le
                                                                                    monde.
Je lève la coupe — que Ta volonté soit faite!
Vois, mes mains sont calmes, je prends légèrement et ne crains pas.
Mais contre la lie noire — par l'écume blanche de l'existence —
Fortifie son âme!
Pour moi tout est plus clair et mon chemin est simple:
Tant d'autres l'ont poli, appris chaque pierre par coeur!
Il ne m'est pas trop dur — regarde! Mais lui, ne le laisse pas
Dans les coins déments quadrillés par les araignées!
Oh, n'enlève pas la main de son épaule,
Ne le prive pas du secours de ton bouclier,
Et il forgera un collier pour notre tristesse
De l'immortel alliage de force et de fidélité.
Et quand nous paraîtrons, côte-à-côte devant Toi,
Ne Te demandant rien — quoi de plus — puisque ensemble! —
Inséparables, ni par une lame, ni par la trompette de l'archange,
Nous Te répondrons sans baisser le regard.

29.

Chez la traîtresse et renégate,
Chicot dans l'oeil tout puissant,
Spécialement dandereuse délinquante —
Ah, quelle farce — perce une dent!
Comme un poussin, elle tape, se propulse,
Et ne veut rien savoir.
Peu lui chaut que la fenêtre soit ferrée!
Elle pousse toujours — à quoi sert le printemps!
Ma sentence attend confirmation,
La Cour Suprême se réunit...
Il faudrait pleurnicher l'indulgence —
Mais cette factieuse dent me trahit!
Elle taraude depuis ce matin
Et ma tête crépite comme un étourneau...
O ma sagesse bonne à rien!
Tu as trouvé où faire valoir tes droits!
Que faire? Et demain c'est la fouille!
S'ils te trouvent, ils se mettront à hurler,
Et pour n'avoir su ouvrir l'oeil,
L'escorte va recevoir son paquet!
Selon les instructions, la possession
D'un tel objet coupant, pointu, est défendu!
Comment? Elle a poussé? C'est impossible!
C'est contraire à tous les réglements!
Ah, l'effrontée, quelle invention!
A-t-on jamais vu chose pareille?
Là où les autres perdent leurs dents,
Elle s'en procure, elle, une nouvelle!
Peut-être l'a-t-on fourrée dans un paquet?
Peut-être — une astucieuse prothèse
Avec une télécaméra? Pas autrement
Qu'avec l'argent du N.T.S.! *
Et voilà sur les bureaux les papiers en balade,
Et le commandant de la prison de soupirer:

---

* N.T.S. — N.d.T. Solidaristes russes.

— Vivement s'en défaire dans le Goulag!
Patientez encore une petite journée!
Nous avons chez nous pour nos poètes fous
Notre humaine Cour Suprême:
S'ils confirment le verdict, je partirai.
Qui sait, il me poussera peut-être des ailes!

Avril 1983

30.

Sur les blés de la Russie errait le vent d'avant la guerre,
Et le drôle d'écolier amoureux de tout dans l'univers,
Ayant usé des bougies sur les cartes de MAGELLAN,
Grandissait pendant ce temps. Et tout selon le plan
Se déroulait, n'est-ce pas, Seigneur? Sous les cieux refroidis,
Mêlant le réel à l'irréel, il délirait de tous les pays.
— Les bois d'orangers à Sorrente, — murmurait-il et écoutait
Comment son âme se voilait de tristesse sous les mots étrangers.
— Les barbares sont descendus dans le vallon — disait-il en latin,
Et son coeur captif s'élançait vers ce vallon lointain.
Et alors qu'au district, Izium, de neige se couvrait,
Il lisait comment les esclaves, au son cuivré de leurs bracelets,
Foulaient de leurs pieds le raisin dans la cuve en dansant,
Et à cause de cela sa gorge séchait, comme l'été précédent.
Sur le mur l'ancêtre souriait vêtu de peau d'élan jaunie,
Jeune éternellement, bien que passablement terni.
Décembre vitrifié, arrêté comme l'horloge de la salle à manger,
Regardait sans mot dire et attendait.
Mais après, souillon dans ses bas détrempés, arrivait le printemps-
Harcelait, en riant, embrassait dans le creux de la tempe
Et le garçon restait muet sous ses moqueries.
Toutes les leçons — en l'air! Toutes les lois — abolies!
Il courait regarder le débâcle et le vent d'avril
D'une paille soufflait les nuages. MARC AURELE,
Dans sa patience antique, attendait sur une tout autre page.
On vendait des pommes sûres. Et se figeaient les oiseaux de
                                                             passage
Dans la béance aux yeux bleus plus haut que les clochers!
Et pour cette tristesse-là, les mots bientôt manquaient.
Mais dans ses cheveux errait déjà la main de la patrie...
Tout commença, lorsqu'il prêta serment, à peine eut-il grandi.
Il périt à la guerre, comme il avait rêvé, défendant le drapeau.
A nous de savoir pourquoi — qu'avons nous fait, mon Dieu?
Mais nous ne savons pas.

                        2 mai 1983, Petite zone.

31.

Et nous, nous restons —
Dans les casiers des monstrueux échecs —
Nous sommes tous prisonniers.
Notre café
Sent les lettres brûlées,
Et l'odeur des lettres ouvertes
A la poste flotte.
Nos quartiers sont devenus sourds —
Et personne ne peut plus crier: «Il ne faut pas!»
Et les faces modelées
Ont clos leurs yeux sur les façades.
Et chaque nuit
De notre ville les oiseaux s'enfuient,
Et s'aveugle
La clarté de nos aurores.
Attendez!
Peut-être que tout cela n'est qu'un rêve
Mais le matin
Les journaux paraissent.

32.

Avec quelle tendresse, quelle autorité
L'époque nous prend par les épaules,
Afin que pour la liberté notre bouche — en sang,
Et la steppe et les épérons —
Et en avant —
Quelle vie, quelle chance!
Et quelle brillante fin —
Un menteur inspiré rédigera
Avec sa passion antihistorique.
Afin qu'un gamin de sept ans,
Ayant pleuré sur notre «jadis»,
Soit prêt à payer le même prix
Pour les mêmes espérances —
Oh, si quelqu'un, une fois...
Le bagne, l'étape.

33.

Là bas, où à la place de l'air — des injures grossières,
Où les baraques ronflent au lieu de pendre la crémaillière...
O ma patrie, pourquoi comme un enfant endormi
M'as-tu de si bonne heure fait sortir de mon lit?
Est-ce l'invasion tatare?
Mais non, — tu ne dis mot!
Rien que l'obscurité et les cafards.
Et le courage russe.
Or, les oies sont parties.

OHIO UNIVERSI

Please return thi